図解

すごい整理術

誰からも「仕事ができる」と言われる!

Everybody Says "He Can Manage His Tasks So Well!":
Marvelous Technique for Orderly Arrangements

坂戸健司［監修］
Kenji Sakato

PHP研究所

明日やることを
書き出しておこう!

ひと仕事が終わった!
いったん片づけよう

スムーズ
バリバリ

あの資料どうなってる?
はい! できてます

ヒエ〜〜〜

整理ができれば、仕事で思い通りに結果を出せる！

整理力
＝
段取り力

整理ができていないと、周囲も迷惑する

⇩

言わば整理力とは気くばり力でもある！

一読すれば、整理上手になれる！

本書は単なる「整理術紹介」の本ではありません。一歩踏み込んで、整理のためのメモ術にまで触れました。

整理とメモはあまり関係ないようですが、メモを取ることでいろいろなことが整理できるものです。

また、**一人が整理できていないと、周囲（同僚、上司、仕事先）も迷惑します。段取りよく仕事を整理する技術は、じつは「気くばり」なのです。**

「どうしても仕事がスムーズに進まない」

「いつも忙しくバタバタしている。でもその割にはやるべきことがきちんとできていない」

「すぐにモノを失くしたりミスをしたりで、仕事が停滞してしまう」

仕事がうまく進められず、ひとつの案件の処理に時間がかかってしまうと、やるべきことをやるべき期限までに終えられません。その結果ミスが増える。

言うまでもなく、これらは即、あなたのビジネスパーソンとしての〝評価〟につながります。

仕事がはかどらなければ、結果は出せない。結果が出せないビジネスパーソンは、当然ながら評価も下がります。

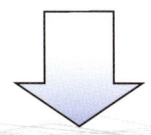

うまくいかないビジネスパーソンの悩みは？

仕事がスムーズに進まない

時間に追われバタバタしている

良い仕事環境をつくろう！

「仕事のできる人」は、みな自分の「仕事環境」に強い関心を持っています。それは、いい意味でのこだわりでもあります。

整理とは、ただ机回りをきれいにすることではありません。頭の中の整理が、まず大事になります。**自分は何をしたいのか、何をしなければならないのか……そういったことを頭の中で整理して実行に移していくのです。**

そうすることで何よりも、気持ちがよくなります。

●「仕事ができる人」の環境をつくるために！

ひと口に整理と言っても、それは「モノを片づける」ということだけではありません。本書では、効率的な仕事環境をつくるために必要なさまざまな整理について、各章でお話ししていきます。

PART1では、整理することを〝習慣〟にしてしまうための基本をご紹介します。

PART2では、日常の仕事における最も身近な仕事環境＝デスク回りを効率的な戦略基地とする方法をお伝えします。

ビジネスには「書類」がつきものです。**PART3**では、書類を上手に分類し、仕事に生かす方法をご紹介します。

PART4では、効率的な仕事に欠かせない「時間の整理」についてお話しします。スケジュールを上手に管理し、無駄な時間をなくすことも、重要な整理作業なのです。

そして**PART5**では、〝情報の整理〟の基本となる「メモ術」をご紹介します。デジタル全盛の世の中ですが、じつはアナログの「紙のメモ」には、あなたの頭の中をスッキリ整理する効果がある

この本のトリセツ！

のです。私は何十年も前からメモ魔です。常にメモ用紙を携帯し、もし紙を切らしたら、カフェのコースターやナプキンにもメモをします。**「あ、いいな！」と思っても、それを形にしておかないと忘れてしまいます。**携帯やスマホ、ボイスレコーダーの音声メモもいいでしょう。しかし基本はやはり「紙のメモ」です。

●私も整理が苦手だった！

本書は、「整理が苦手」という人は「なぜ苦手なのか？」という理由から考え、対応策を考えていきます。また、整理が苦手な人が陥りやすい間違いなどにも触れています。

なぜなら、何をかくそう、監修者である私自身が、かつては「整理の苦手な」ビジネスパーソンだったからです。

しかし、一度整理の習慣を身につけてしまった今では、その効果は一生モノだと実感しています。

「効率的な仕事環境をつくる」と言うと、何だかとても大がかりな作業のように感じるかもしれませんが、ご安心ください。この本に書かれた整理のノウハウは、誰でも簡単にできて、しかも即効性のあるものばかりです。

ちょっとずつで結構ですから、ぜひ今日から始めてみてください。きっとあなたの仕事は、昨日とは違ったものになるはずです。

2014年1月

坂戸健司

誰からも「仕事ができる」と言われる！ すごい整理術――目次

PART 1
「仕事が速い人」への第一歩は「整理」にある

▼整理を習慣にしてしまう！ きれいに片づく原則は？

PART 2

仕事がはかどる機能的なデスクのつくり方

▼ **机の上、引き出し……ココを整理すれば仕事が一気に効率的になる！**

PART 3

書類をため込まなければ、整理は9割うまくいく

▼ゴチャゴチャした環境から抜け出そう

PART 4 ミスなし！ ロスなし！ 時間整理術

▼スケジュールなどの無駄をなくすことで仕事がサクサク進む

PART 5 メモで情報を自由自在に整理する方法

▼物忘れも防げ、企画やアイデアのもとになる！

■装丁：一瀬錠二（Art of NOISE）
■本文イラスト：久保久男
■編集協力：片山一行
■執筆協力：中西　謡
■DTP：ベクトル印刷株式会社

PART 1

「仕事が速い人」への第一歩は「整理」にある

整理を習慣にしてしまう！
きれいに片づく原則は？

1

ミスの繰り返し、進まない仕事の原因は、仕事環境にある

デスクを整理するだけで仕事は10倍速くなる

仕事の効率が上がる環境づくり

あなたは、仕事がはかどっていますか。

使うモノがなかなか見つからず、デスクの引き出しをすべて開けて探し回る……。

「これから会議」というときに、必要な書類が見つからない。他にもやることがいっぱいあるのに……。

そんなことがたびたびあるようでは、とても効率的な仕事などできないでしょう。

どうすれば仕事がはかどるのか……それにはまず「仕事の効率が上がる環境」をつくることです。それが「整理」なのです。

整理は、あなたの仕事を効率化させ、あなたに最高のパフォーマンスを発揮させるために、なくてはならない作業です。

整理されていない環境は、あなたから、ビジネスパーソンにとって最も貴重な財産である「時間」を奪ってしまいます。

言い換えれば、あなたは貴重な時間を、整理されていない環境のせいで「探しもの」や「作業のためにデスクの上を片づけてスペースをつくる」といった、〝仕事以前〟の行為に使うことになるのです。

つまり、あなたの仕事がはかどらないのは、あなたの〝能力〟の問題ではなく、〝環境の問題〟なのです。

どこに何があるかわからず、なかなか作業に取りかかれない環境と、必要なものが必要なときにすぐ取り出せる環境……あなたはどちらの環境で仕事をしたいですか?

「整理された状態」とは、どんな状態?

①不必要なものが置かれていない、きちんと片づいた状態。

②探しものをしている時間が少ない。

③自分のペースで仕事ができる。

④効率的に仕事ができて、気持ちに余裕が生まれる。

このような状態のことを、「きちんと整理された状態」と言うのです。こんな状態の中で仕事ができたら、きっと仕事がはかどるはずです。整理は、それを簡単に現実のものとするのです。

では、どうやって整理をすればいいのでしょうか? それを考える前に、整理された状態をイメージしてみてください。先の①から④を頭の中に思い浮かべるのです。

一度に何もかもやらなくてもいい

整理を成功させ、仕事がはかどる環境を手に入れるためのコツは、「一度にやろうとしない」ということです。

「今スグにでも良い環境を手に入れたい」と焦って、デスクの上を整理し、書類を整理……と、何もかもに一度に手をつけても、うまくいかないでしょう。あなたは「どうせ自分は整理なんてできない、だらしない人間なんだ」というネガティブな気持ちを抱くかもしれません。

しかし、一度にさまざまな整理をすることは、誰にとってもハードルが高いものです。まずは「ちょっとずつ」が、整理を成功させるコツです。

机の上が片づいていないと、仕事もはかどらない

デスクの上が散らかっていると…

探しものが見つからず、時間を浪費する

デスクの上が整理されていると…

無駄な時間がなくなり、仕事がスムーズに進む

「整理された状態」とは?

- 不必要なものが置かれていない きちんと片づいた状態
- 自分のペースで仕事ができる
- 探しものをしている時間が少ない
- 効率的に仕事ができて気持ちに余裕が生まれる

Point

「今すぐ整理しよう」と焦らず、できることから少しずつ片づけていこう

2

小さな面倒を後回しにしない

使ったモノを、すぐに戻すを徹底する

使ったモノは必ず元に戻すクセをつける

「いくらきれいに片づけても、気がつけばいつもデスクの上がゴチャゴチャ」

「本当に必要なモノが、必要なときに見当たらない」

なぜ、ちゃんと片づけても、すぐにモノが散らかるのか――。答えは簡単。「使ったモノを元に戻さない」から……つまり「出しっぱなし」にしているからです。

ではなぜ、出しっぱなしでいるのか？

これも答えは簡単。「元に戻すのが面倒くさいから」です。この「面倒くさい」が何度も日常的に積み重なった結果が、モノが散らかり、雑然としている状態です。

そして、たまってしまった多くのモノを片づけるのは、さらにまた「面倒くさい」。最初に使ったときに元に戻さなかった、という、面倒を避ける小さな行動が、大きな面倒を育ててしまうわけです。

ですから、たとえ少し面倒だと感じても、モノを使ったら、その場ですぐに戻す。後回しにしないで一つひとつ、そのつど片づける……それが効率的な片づけとなるのです。

「今すぐにやっておかなければ、後々大変なことになってしまう」

という、〝元に戻さなかったときのデメリット〟を充分意識して、「モノを使い終えたら、すぐに元にあった場所に戻す」ことを習慣化してしまいましょう。

「整理」と「整頓」は似ているようで違う

逆に考えれば、使い終えたモノをすぐ元に戻せば、モノは散らかりません。

これは「整理」より、ずっとハードルの低いことです。少し理屈っぽい言い方をすれば、整理とは、使い勝手を考えてモノの配置や収納場所を決め、仕事の効率化をはかろうとすることです。一方「片づけ」は、単に元に戻すだけです。

また整理は、「整頓」とも違います。

整頓とは、あくまでも「見た目をきれいに」整えること。整理にはルールやコンセプトも必要となりますが、整頓の場合はとにかくきれいに片づいていればいいのです。とはいえ、ゴチャゴチャ状態よりはずっと増しだと言えます。

「ひと仕事、ひと片づけ」を徹底しよう

「使ったら、戻す」……この行為をあなたの毎日に定着させるために意識したいのが「ひと仕事、ひと片づけ」です。

つまり、ひとつの仕事が終わったらデスクの上などに広がっている書類や資料、文房具などを、元あった場所に収納する、ということを徹底させるのです。デスクの上は、そのときに使うものだけにする……これだけで「デスクの上がいつもゴチャゴチャ」という状態は避けられます。

「ひと仕事、ひと片づけ」が習慣になれば、デスクの上で資料が混在してしまうという事態もなくなり、仕事上のミスも減るでしょう。また、次の仕事の準備もスピーディーに行なえます。結果、あなたの仕事力がアップするのです。

使ったモノを元に戻す習慣をつけよう

使いっぱなしの人

出かけるぞ〜

ますますゴチャゴチャになりミスも多くなる

すぐに片づける人

ひと仕事が終わった!
いったん片づけよう

作業スペースが広く仕事もスピーディーに進む

モノを
出して使う
使い終わったら
元の場所に戻す

Point

出したらしまう――「ひと仕事、ひと片づけ」を習慣化すれば、モノは自然と整理されていく

3

モノは「分けて」置くことが基本

「分ける」「戻す」「捨てる」にルールを設定する

スピーディーな仕事を実現させる

「必要なものだけが置かれている」
「どこに何があるかすぐにわかる」

たとえばこれだけのことで、あなたの仕事はより効率的になるでしょう。いちいち必要なものを探す時間がなくなり、自分のペースで仕事ができるようになります。

この環境をつくるには、まず自分が仕事で使っているさまざまなモノを「必要なもの」と「不要なもの」に〝分ける〟ことです。そして必要なものは使ったら元に戻す、不要なものは捨ててしまうのです。「分ける」「戻す」「捨てる」は、「片づいた状態」をつくるためのキーワードです。

一見、簡単なようにも思えますが、それぞれの作業にはあなたなりの「ルール」を設定することが必要となります。たとえば先ほど述べた「使ったモノは、必ず元にあった場所に戻す」ということも、ルールのひとつです。これらのルールを自らが遵守《じゅんしゅ》することによって、やがて一つひとつの行動が習慣となり、あなたのデスク回りは「気がつけばゴチャゴチャ」の状態から解放されている、というわけです。

「分ける」「戻す」「捨てる」に明確なルールを設け、それに従った計画的な片づけが、スピーディーな仕事を実現させる環境を整えてくれます。

自分が普段使っているものの使用頻度を把握する

ビジネスの効率化を考えれば、書類・資料などをテーマ別に分類して保管することも大事です。これについてはPART3で詳しくお話ししますが、まずは単純に「モノ」を、必要なものと不要なものに分けるという作業に取りかかりましょう。

そして、デスクの上に置くモノは、必要なものだけにするのです。そのためにはまず、自分が普段何を、どう使っているか、どのくらいの頻度で使っているか……といったことを、知る必要があります。

日常のデスクワークにおいて、自分が毎日頻繁に使っているもの、1日に数回使うもの、週に1回程度しか使わないものなどを「筆記用具」「小物」「書類のファイル」といったアイテム別に調べてみれば、手元（すぐに取り出せるデスクの上など）に置いておくべきもの、どこかに収納しておいてもいいものなどが見えてきます。

「必要なもの」と「不要なもの」に分ける

整理が苦手な人が陥りやすいのは、自分が持っている道具や書類・資料などをすべて「自分の所有物」といった具合にひとまとめに考えてしまうことです。

「全部使うもの」「全部大事なもの」……これでは、いつまでたってもモノは減らず、毎日増え続ける書類や使わなくなって久しい筆記用具などで、デスクはあふれます。

あなたの持っているモノには、使用頻度、重要度などで優先順位が存在するのです。必要なものと不要なものに「分ける」クセをつけましょう。

必要なものと不必要なものは、分けて置く

自分が普段、何をどれぐらいの頻度で、どういうふうに使っているか？

まずこのことをチェックする！

「必要」「不要」のカテゴリー分け

1日に何回も使うもの

週に1回ほどしか使わないもの

月に1、2度しか使わないもの

これらを「筆記用具」「書類」「その他文具」……というようにアイテム別に調べてみる

手元に置くか

どこに収納するか

これを決めていく！

Point

あなたの持ち物の重要度はすべて同じではない。それぞれに優先順位をつけて整理しよう

4

「捨てる」ためにはルールが欠かせない

「いつまでに」「どうやって」捨てるかまで決めておく

仕事の効率が上がる環境づくり

「不要なものは捨てないと、モノが増えるばかり」

わかってはいるけれど、なかなかできないことでもあります。その大きな理由は「迷ってしまう」からです。本当に捨ててもいいモノなのか、後で必要になってくるのではないか……必要か不要かを見分けることができなければ、捨てるか否かを迷っている間に時間ばかりが過ぎていきます。

結果的に、いつまでも効率的な環境で仕事をすることはできないでしょう。

「捨てる」ことも、ルールを設けてそれに従うことが必要です。また、このときのルールは、「要らなくなったら、捨てる」などといった曖昧《あいまい》なものではいけません。

「捨てるルール」を明確に決めておく

捨てるルールのポイントは、次の3つだけです。

①保管する期間
②廃棄する日
③廃棄の方法

たとえば「雑誌は3カ月保管する」「カタログや資料は1年間」というように、カテゴリー別に保管する期間をはっきりと定めます。

そして、その保管期間がいつまでか、を考え、その期間が来た日を「廃棄する日」と定めるのです。このとき、廃棄の方法（「資源ゴミとしてまとめる」「シュレッダーにかける」など）まで明確にしておけば、より現実的です。

厳しい言い方かもしれませんが、1年間も使わなかったものは、あなたにとっては「ゴミと同じモノ」。そう認識したほうがいいでしょう。

「保留ボックス」というテクニック

ビジネスの現場では、書類・資料などの紙モノは、日々増え続けるものです。これも必要か不要かを素早く判断し、その日のうちに処理できれば一番なのですが、なかなかそうもいかないでしょう。

そんなときは「とりあえず今は捨てない」というモノを入れる「保留ボックス」を使う、という手もあります。必要な書類・資料は分類して保管する。不要なものはその場で捨てる。保留ボックスはいわば「一時保管」用です。

保留ボックスの数は原則としてひとつ。多くても2つまでにしましょう。

当然、中に入れたものはいつまでもそのままにはしておけません。週1回、さらに月1回の割合で、ボックスの見直しを行ない、改めて必要か不要かを判断するのです。

「要らないモノは捨てる」……言葉にすれば簡単な話ですが、いざ実行するとなると、やはり不安であったり、面倒であったりという思いが先に立ってしまいます。だからこそ、ルールを定めること、捨てるための工夫をすることが必要なのです。

迷わずに捨てるルールをつくろう

捨てるためのポイントは「迷わない」こと！

そのための ルール をつくっておこう

❶ **保管する期間は？** → 雑誌は３カ月、資料は１年――などと決める

❷ **廃棄する日は？** → 「毎月○○日は捨てる日」――などと決める

❸ **廃棄の方法は？** → シュレッダーにかけたり、資源ゴミとしてまとめる

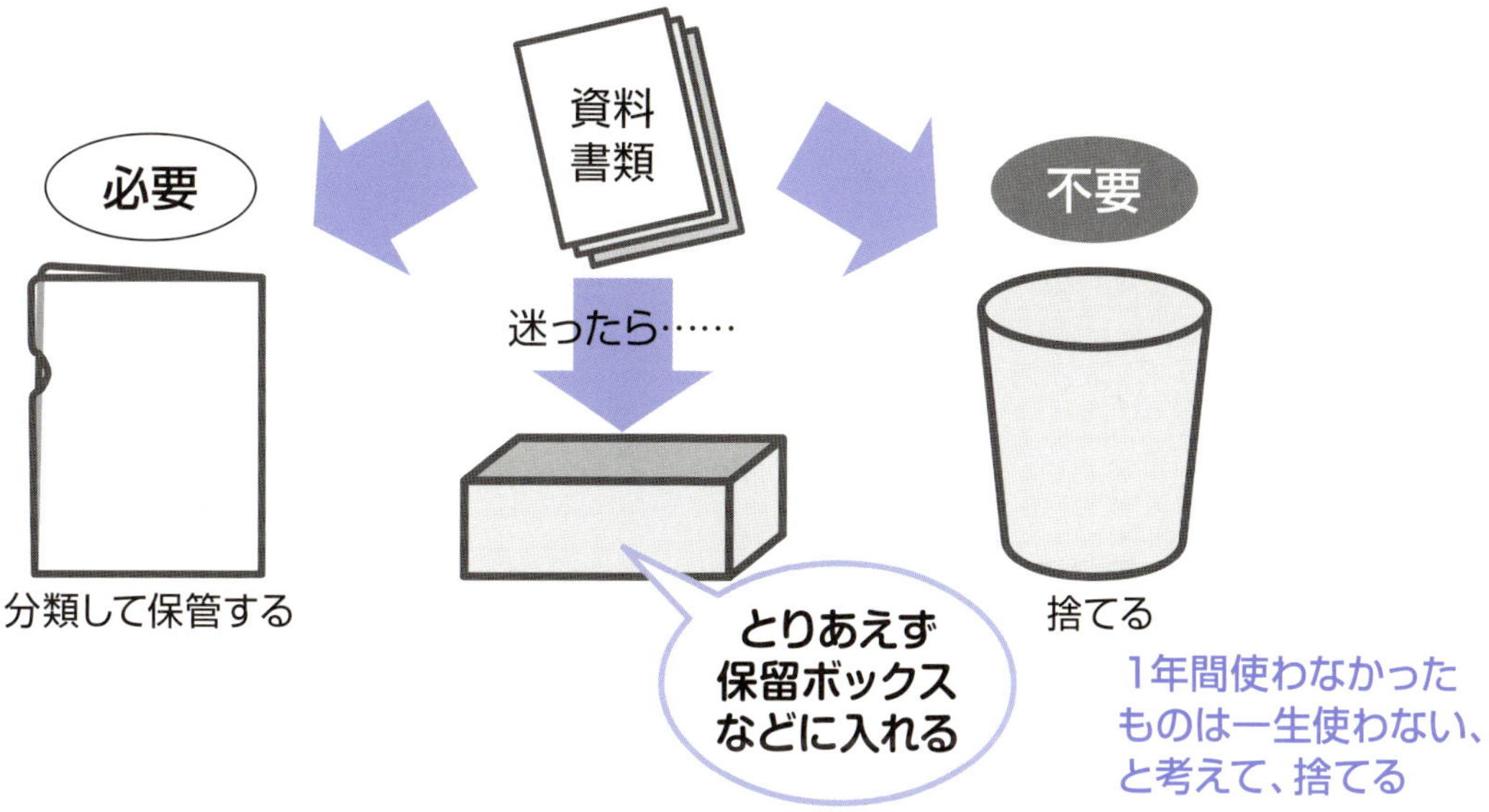
資料
書類
必要
分類して保管する
迷ったら……
とりあえず
保留ボックス
などに入れる
不要
捨てる
1年間使わなかった
ものは一生使わない、
と考えて、捨てる

この作業を、毎日1回、週1回、月1回行なう！

迷ったときの保留ボックスを活用しよう

Point

保留ボックスの中身も定期的に見直して、
「捨てられるシステム」をつくろう

5

曖昧な目標では行動できない

整理を習慣にするための秘訣とは？

「整理をしよう」ではなく具体的に何をするかを考える

毎日を快適な仕事環境で過ごすには、整理を「日々の習慣」にしてしまうことです。ただし、「よし、今日から整理を習慣にするぞ！」と決意したところで、実際にうまくいくわけではありません。

なぜなら、「では、何をすればいいか？」ということが具体的に決められていないからです。

習慣術の研究で知られる「行動科学」の世界では、「習慣とは、行動の積み重ね」が基本とされています。そして、行動とは、具体的なものでなければなりません。

「きちんと整理をする」という目標は、じつは曖昧です。〝具体的な行動〟とは言いがたいのです。

誰が見ても（行動しているかどうか）わかる。つまり数（回数）を数えられる——という具体性がなければ、単に整理と言っても曖昧なままになってしまうのです。

14ページでも触れた、「ひと仕事、ひと片づけ」などは、具体的な行動として習慣になりやすいものです。まずはここから取り組んでみましょう。

外出前にも持ち物などの整理を習慣にする

整理は、デスクの上を整えるだけではありません。持ち物の整理、スケジュール（時間）の整理、メモを使った情報の整理……仕事を効率的に、スピーディーにこなすためには、さまざまな場面でのさまざまな整理が必要です。

仕事力アップのためにぜひ習慣にしていただきたいのが「外出前の整理」です。これはいわゆる「持ち物チェック」のことです。営業や出張などで外出をする際に、忘れ物がないかを必ずチェックするのです。

チェックすることもまた、具体的な行動です。こうした、毎日のちょっとした行動を繰り返していくことで、あなたの「整理に対する意識」が高められていきます。

「結果」がついてくれば習慣化はすぐにできる

習慣化とは、いわば人間の行動原理でもあります。習慣化することで、人間は自然にストレスなく決められた行動を起こせるようになるのです。

習慣化のコツは、行なったことが自分にとってメリットになった……という「好ましい結果」を実感することです。

「ひと仕事、ひと片づけ」によって、デスクの上がきれいになり、気持ちがリフレッシュするというメリットをまず感じることができます。「外出前の整理」も、これからの出先での仕事に対するモチベーションが高まる……というメリットがあります。

これらのメリットを得られたという結果を、ぜひ意識してみてください。

整理には、あなたの仕事をスピードアップさせる、という大きなメリットがあります。漠然と整理するのではなく、あなたが整理によって得た「結果」をしっかり認識することが、整理を習慣化させるコツです。

整理する「習慣」を身につけてしまおう

「習慣」とは行動の積み重ねである

行動科学のルール

朝起きたら「おはよう」と言い、歯を磨くように、
整理という行動を無意識の習慣にしてしまう！

↓

「ひと仕事、ひと片づけ」などの習慣にする

習慣化することで、「○○しなければ……」という
ストレスがなくなる。決められた行動を自然に
起こせるようになる

**習慣化のコツは、
行なわれたことが自分の
メリットになった、という
「好ましい結果」を実感
すること！**

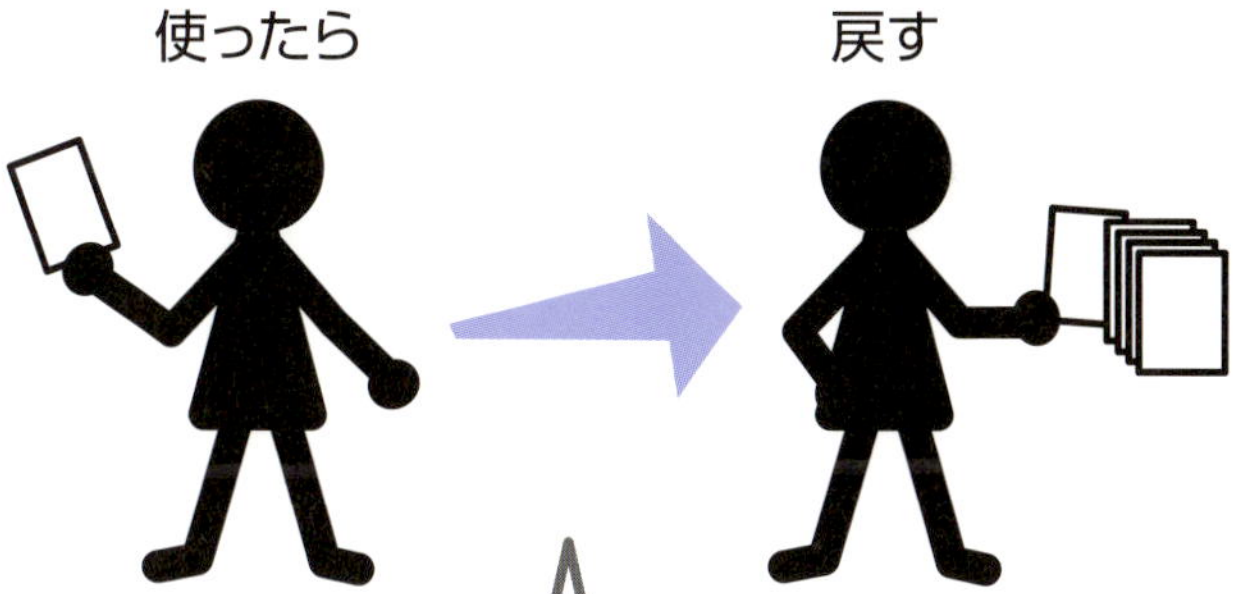

デスクがきれいになり、
気持ちがリフレッシュする
――というメリットを感じる

Point

**片づけと整理は違うが、片づけの延長線上に
整理がある。まずきれいに片づける習慣を！**

COLUMN

整理にはデザインセンスも必要!

①ファイルの種類を揃える

②同じ色で揃えると、統一感が生まれる

③ファイルの種類や大きさが統一されているだけで、見た目が美しく見える

整理の目的とは「仕事を効率化し、スピーディーに作業ができるようにすること」です。しかし、なかなか整理ができない人の言い訳としてよく聞くのは、

「別に（デスク回りなどが）散らかっていても、スピーディーな仕事はできるよ」

「自分でどこに何があるか把握しているのだから、この（散らかった）ままでいい」

というもの。

もちろんこれは〝もったいない〟話です。**整理された環境での作業のほうが、より効率的、スピーディーに仕事ができることは、物理的にも明らか**なのですから。

本書をお読みいただいているあなたは、何かしらの理由で「整理の必要性」を意識されている方でしょう。しかし、まだいまひとつ整理に踏み出せないと思うのであれば、ちょっと考え方を変えてみましょう。整理の目的を、まず単純に「デザイン的に、見た目をきれいにする」ということにしてみるのです。

「見た目が美しい仕事環境」……これがあなたの最初のゴールです。

ファイルなどの色を揃える際には、色使いのセンスを発揮してみましょう。また、大きさにも統一感を持たせます。バラバラな大きさのファイルが並んでいるデスクや書棚は、見た目にも美しさがありません。さらに、什器《じゅうき》のメーカーにもこだわりを持ってみましょう。デザインが気に入っている同じメーカーの什器で統一させるのです。

このように、**色、形、大きさ、メーカーなどにある種のこだわりを持ち、見た目をきれいにすることを目指してみてください**。じつはそれは、長い時間も多額な費用も必要としない、極めて簡単なことなのです。

本書でお話しする整理術は、あくまでも効率化のための基本概念です。それらを踏まえさえすれば、後はあなたの思うとおりに、好み・趣味に合った環境をつくっていいのです。あなたの〝デザインセンス〟を生かして、楽しく「美しい環境」ができれば、もうあなたは「整理が苦手」な人ではありません。

PART 2

仕事がはかどる機能的なデスクのつくり方

机の上、引き出し……
ココを整理すれば
仕事が一気に効率的になる！

1

仕事のスピードアップのカギはデスク整理にある

「サッ」と行動できる効率的なデスクをつくる

デスクを効率化して仕事をサクサク進めよう

ビジネスパーソンにとって、デスクは仕事をする上での「戦略基地」と言ってもいいでしょう。

会社勤めの人であれば、オフィス環境の中で自分自身がある程度自由にカスタマイズできるのは、自分の席、すなわち自分が座っているデスクだけです。

自分のデスクは、他の誰かが勝手に手をつける場所ではありません。

他の人と差をつけたい、と願うのならば、まずはデスクを〝機能的〟に使えるように整え、仕事の効率化をはかりましょう。

ゴチャゴチャしていて、どこに何があるかわからないデスク。必要なものがすぐに取り出せないデスク。いらないものがたくさん置いてあり、作業をしようとしてもそのつど整頓が必要なデスク。こんなデスクでは、仕事がはかどるわけがありません。

デスク回りの整理は、普通の人なら誰にでもできる、簡単な仕事の効率化の作業なのです。それによって仕事も一気にスピードアップするはずです。

機能的とは「いちいち」を排除すること

機能的なデスクとは、どんなデスクのことでしょう？

それは、デスクの上での作業を流れるようにスムーズに進められる、というものです。また、「椅子に座ったまま」さまざまなことができる、という点も重要です。

つまり機能的なデスクとは、「いちいち〜する」という手間が省かれたものです。

「いちいち必要書類を探さなければならない」「いちいち書類の山をどかさなければモノが取れない」「電話をかけるには、いちいち（座っている）体勢を変えなければならない」……こんなデスクでは、〝流れるようにスムーズ〟な作業などできません。時間のロスです。

「いちいち〜しなくてもいい」ということは、仕事をスピードアップさせるための基本のキ、と言えることです。

「整理されたデスクは、あなたの仕事をスピードアップさせる」ということを肝に銘じてください。

あなたの動きに合ったレイアウトを

「仕事のスピードアップ」ということを考えれば、デスクの上は「きれいに片づいている」というだけでは、真に機能的とは言えません。デスクの上のレイアウトは、仕事の「動線」と、仕事で使う道具類の「使用頻度」を考えたものにすることが、機能的なデスクの基本です。

デスクの整理をする前に、自分が仕事中に〝どんな動きをしているか？〟ということと、〝よく使うものは何か？〟を考えてみましょう。

そして、その動きに合ったものの配置、使用頻度に合った保管場所を決めるのです。「いちいち〜」という無駄な動作をなくすことをまず心がけてください。

デスクの上を効率化しよう！

ゴチャゴチャして、どこに何が
あるかわからない状態の机

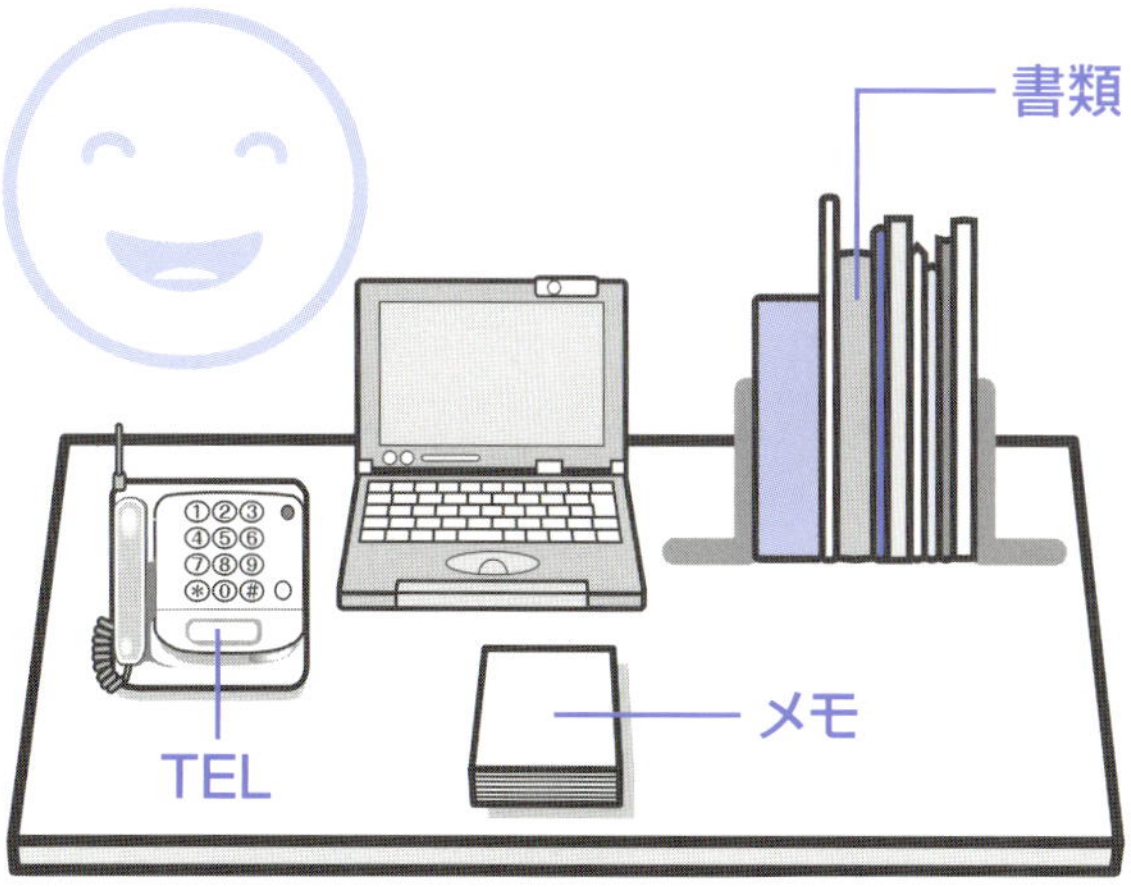

スッキリとモノや書類が
レイアウトされて作業スペースも広い机

機能的なデスクとは、
「いちいち～しなくていい」机のこと

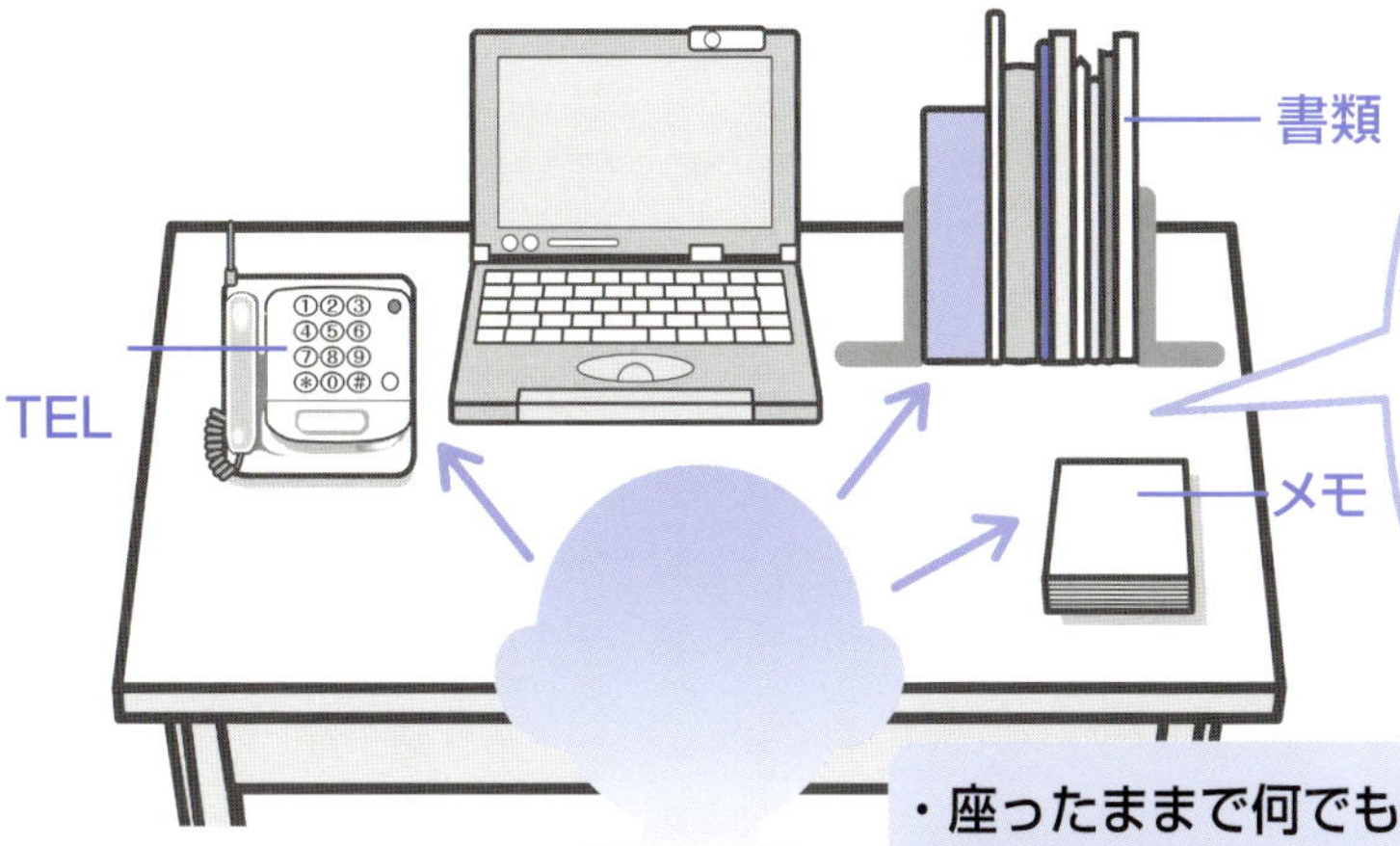

机の上の道具を１カ所にまとめられると便利。100円ショップで売っているものを上手に使えば、スッキリする

・座ったままで何でもできる
・動線が短くてシンプルで
　無駄な動作がない

Point

整理された机は、仕事のスピードアップにつながる。
仕事の動きに合ったモノのレイアウトを！

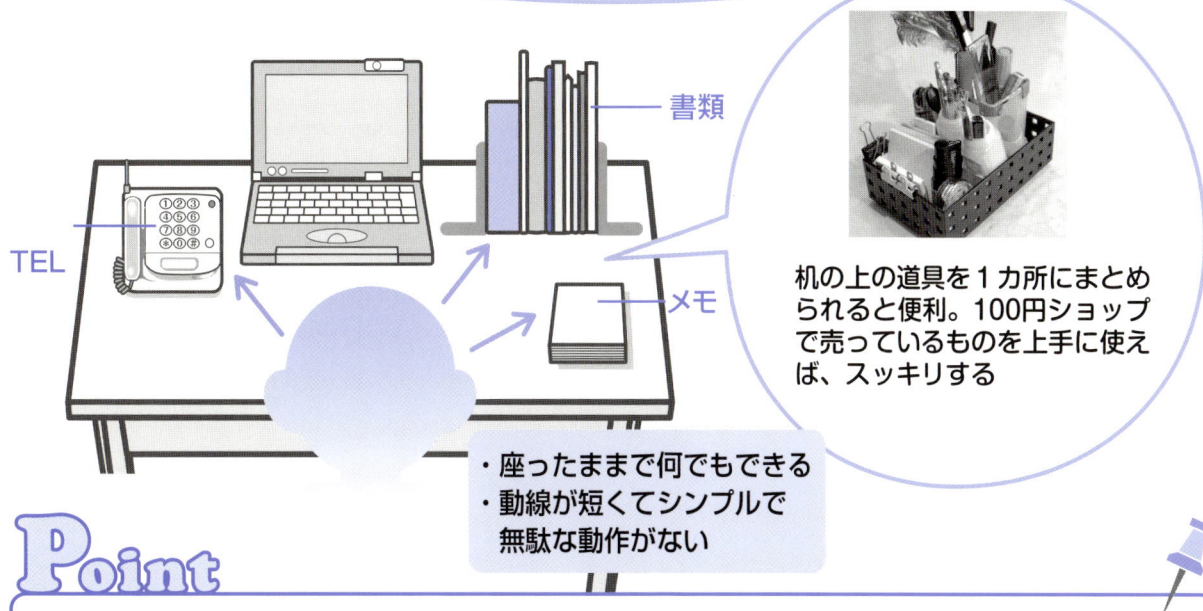

2

机がスッキリすれば気持ちも前向きになる

デスクの整理でまっ先にすべきこととは？

まず、デスクの上をまっさらにする！

「デスクをきれいにしなければ！」

仕事がはかどらないのは自分のデスクがゴチャゴチャしていて使いづらいからだ、と考え、デスクの整理を決意。しかし、何から手をつけていいのかわからない……そんな人は多いことでしょう。

デスクの上を使いやすくカスタマイズする際に、まずはじめに手をつけること……それは「デスクの上をまっさらにする」ということです。つまり、デスクの上を「何もない状態」にするのです。

デスクの上が書類やファイル、本や小物でいっぱいになっている人は、1日かけてでも整理に取りかかりましょう。

まず、段ボールでもバスケットでもいいので、入れ物を3つ用意します。そしてデスクの上にあるものを、そのうちのひとつの入れ物にどんどん放り込んでいきます。

ここで「これは要るものか？　要らないものか？」あるいは「どこに置いておこうか？」など、あまり細かいことは考えなくてOKです。とにかく手を止めず、デスクの上からモノをなくすことが先決です。

タワー型パソコンは、端に寄せておくか、デスクの下におろしておきましょう。

デスクの上からモノがすっかりなくなったら、雑巾《ぞうきん》できれいに拭きましょう。

この一連の作業で「リセット完了」です。スッキリした気分で、整理に臨むことができるはずです。

改めて、何を置くかを決める

次に、残りの2つの入れ物を使って、デスクの上にあったモノを「必要なモノ」と「不要なモノ」に分けていく作業をします。すぐにどちらか判断できないものは、そのまま元の箱に残しておきましょう。

「昔もらったチラシ」「不要となった書類」「インクの切れた筆記用具」などの〝ゴミ同然〟の不要なものは、即、捨ててしまいます。判断できなかったものは、会社のオフィスであれば、入れ物ごと、いったんロッカーにでもしまっておき、後日、再度分類します。

この一連の作業で残った「必要不可欠なもの」が、あなたがデスクの上に置くべきものです。これらをデスクの上の使いやすい場所に配置することが、デスクの上の整理、というわけです。

デスクの上が片づけば他の場所も整理したくなる

デスクの上がスッキリ片づき、かつ機能的なレイアウトになれば、仕事に対する気持ちも極めて前向きなものになります。

この成功体験を手に入れれば、引き出しやロッカーなど、他の場所も整理したくなるから面白いものです。

あなたの仕事の効率化を左右するのは、あなたの仕事環境である、ということを忘れないでください。

そして、あなたにとって一番大切な仕事環境は、あなたのデスクの上なのです。

まず、机の上をまっさらにする！

「整理できない、片づかない」という人の場合

↓

机の上がゴチャゴチャになっている

↓

どこに何があるかわからず仕事の能率も落ちる！

↓

まず、机の上を「何も置かれていない」状態にする！

段ボール箱かバスケットを2〜3個用意して、机の上に積み重なっているものを、
①要るもの　②要らないもの　③ペンディング……に大きく分ける

まず1つの箱に全部放り込み、それを
①要るもの　②要らないものに分けてもいい

Point

仕事の効率化を左右するのは、まず机の上。
ここをスッキリさせることから始めよう

3

パソコンは左右どちらかに寄せるのがおすすめ

ものの定位置を決めるための3つのルール

デスクの上のモノの「定位置」の決め方

普段のデスクがどうなっているか……つまり、デスクのどこに何が置いてあるかという「モノの定位置」を決めるときに意識するべきことは、次の3点です。

①必要なものがすぐに取り出せるようにする（使用頻度を意識）
②作業の動線を意識する
③使い終えたものが、すぐにしまえるようなしくみをつくる

この3点が満たされれば、あなたは「椅子に座ったまま」「いちいち手間をかけずに」作業ができるという、最も効率的なデスクを手に入れることができます。

この後で、デスクの上をデザイン&レイアウトしていくのです。

まず、使用頻度の高い筆記用具はペン立てに入れ、利き手側を定位置とします。

電話をしながら利き手でメモを取ることを考えれば、電話の定位置は「利き手と逆側」ということになります。

メモ用紙や付箋は「電話とワンセット」と考え、電話のすぐそばを定位置とすれば、いちいち「メモ、メモ……」と紙を探す必要がなくなるでしょう。

パソコンは「左右どちらか」に置く

最近のデスク作業は、パソコンで行なう比重が高くなっています。仕事の内容によっては、ほとんどパソコンでの作業、という人も増えてきています。

となると、「パソコンのモニターはデスクの中央」と安易に決めてしまう人もいるでしょうが、作業スペースを考えると、これは非効率です。

仕事の種類にもよりますが、パソコンのモニターは、なるべくデスクの左右どちらかに寄せます。

これにより、反対側に広いスペースが生まれますので、そこに本立て（資料のファイルを置く）、メモなどを留めておくコルクボードなどを設置します。確かに今はいろいろな作業をパソコンで行ないますが、メモをしたり資料を見たり、という仕事がなくなるわけではありません。そのためのスペースをつくっておくのです

デスクの上を「コーナー」別に考える

以上が、動線と使用頻度を意識した基本的なレイアウトです。

このレイアウトは、デスクの上を機能によってゾーニングしたもので、作業の際に各コーナーに顔を向けることで、気分転換、頭の切り替えができる……という効用もあります。

パソコンコーナーではパソコン作業に集中し、反対側の本棚（インフォメーションコーナー）に貼ってあるメモやToDoリスト、スケジュールを見れば、気を引き締めることができます。

また、利き手とは反対側で電話を取り、利き手側にはメモもあるため、他のことを気にせず、電話に集中できます。

デスクの上をコーナー別に考える

PCコーナー
作業スペースを広くとるためPCのモニターは机の左側か右側に少し寄せる。これで作業スペースが広くなる

インフォメーションコーナー
常にやるべきことが目に入るコーナー。コルクボードを置いてメモやToDoリスト、カレンダーなどを貼ったり必要書類を立てて置く

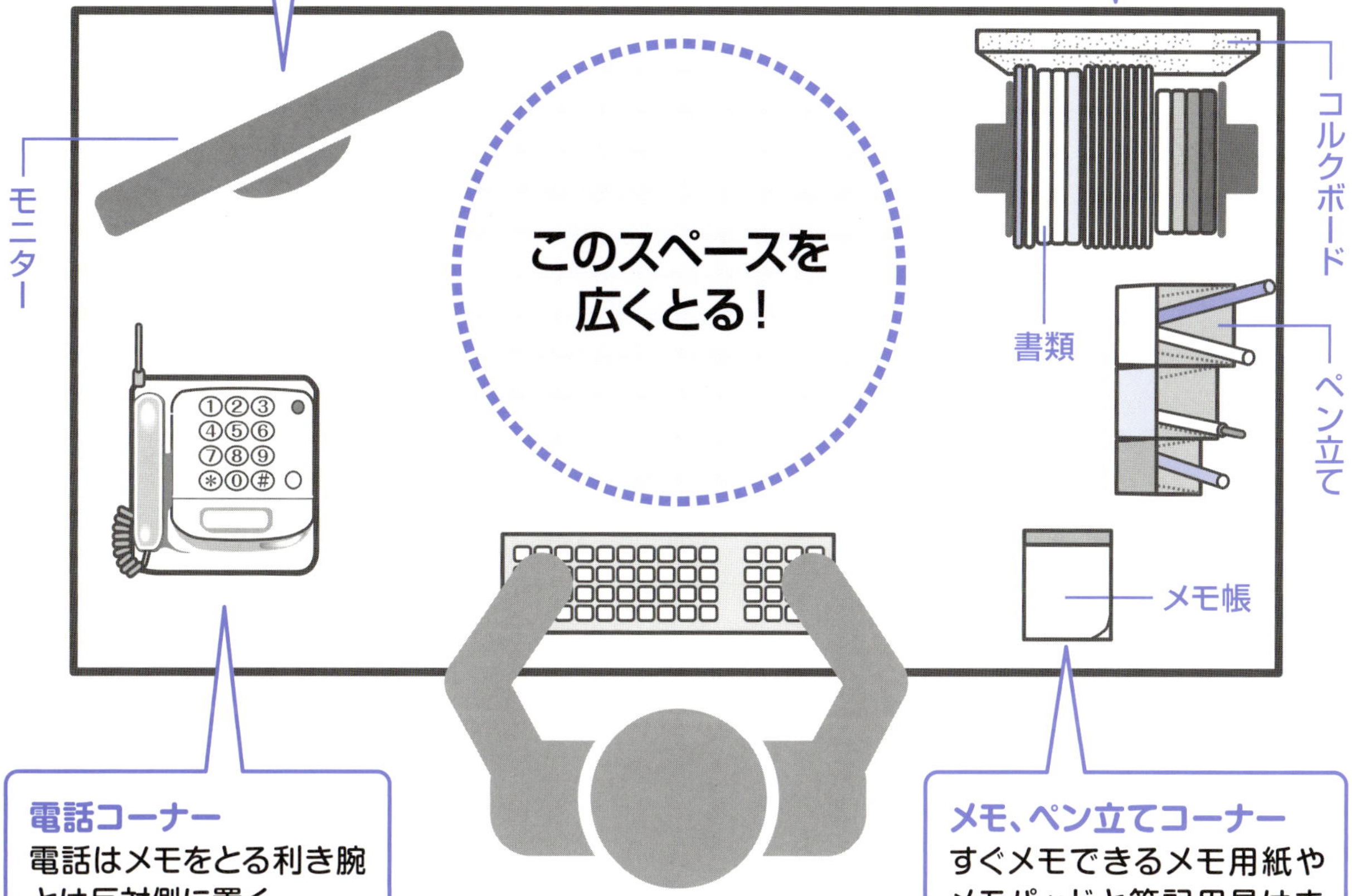

電話コーナー
電話はメモをとる利き腕とは反対側に置く

メモ、ペン立てコーナー
すぐメモできるメモ用紙やメモパッドと筆記用具はまとめておく

Point

「いちいち手間をかけずに」サッと作業ができるように、コーナー別に作業動線を考えるとよい

4

書類を取り出すまでの時間は15秒以内

書類は立てる！積み重ねは禁止

必要な書類をスピーディーに取り出す

パソコンでの作業が一般化し、オンラインでのやりとりにより〝ペーパーレス〟の時代がやってくる……と思いきや、書類、資料の量は一向に減らず、その整理で多くのビジネスパーソンが悩んでいます。

デスクの上が散らかってしまう最大の原因、それが「書類の存在」です。

試しに、今あなたが必要としている書類を、何秒で取り出せるかを計ってみてください。15秒以内ならOKですが、それ以上の時間がかかるなら、書類整理の方法を見直す必要があります。

必要な書類をスピーディーに取り出すことができなければ、ビジネスの効率化はとても見込めません。

しかし、ほんのちょっとの工夫で、書類はスピーディーに取り出すことができ、デスクの上もスッキリさせることができるのも事実です。

たくさんの資料や書類を見ていると、どうしていいかわからなくなるかもしれませんが、あきらめずに、すぐ整理に取りかかりましょう。

ファイルボックスで書類を「立てて置く」

とくに、デスクの脇に書類を積み重ねているという人は、すぐに改めてください。これでは「保管や収納」「整理」とは言えません。

とはいえ、多くの人がついついやってしまうのですが、書類を積み上げると、下のほうに重要書類が〝死蔵〟されたり、必要な書類が見つからなかったりと、良いことはほとんどありません。書類はファイルボックスなどを使って、立てて置くことが必須です。厚みのないものはクリアホルダーに入れてから、ファイルボックスに入れます。このクリアホルダーは整理の重要なアイテムです。60ページで詳しく解説しますが、これも基本は、立てて置くこと。

資料の厚みにもよりますが、通常のボックスファイルの中には、20～30枚のクリアホルダーを入れることができます。

「未処理」の書類は専用の保管場所に置くとよい

書類の山の中で最もなくしやすく、かつ重要度も高いものが、「ペンディングになっている書類」です。

これらは「未処理」という専用のファイルボックスや箱を用意して、そこに仮に入れておくようにしましょう。1カ所に保管することで、散逸して、なくしてしまうことを防ぐのです。

このときも書類はできるだけ立てて保管すること。積み重ねてはいけません。ただし、箱の中に放り込むような場合は、見直すときにはすべてをデスクの上に出してしまいましょう。

未処理のファイルボックスに入れた書類は、毎週か毎月、見直すことが重要です。そのまま放置して、永遠に〝未処理〟で終わらないように気をつけましょう。

「積み重ね」は整理作業の大きなカベになる

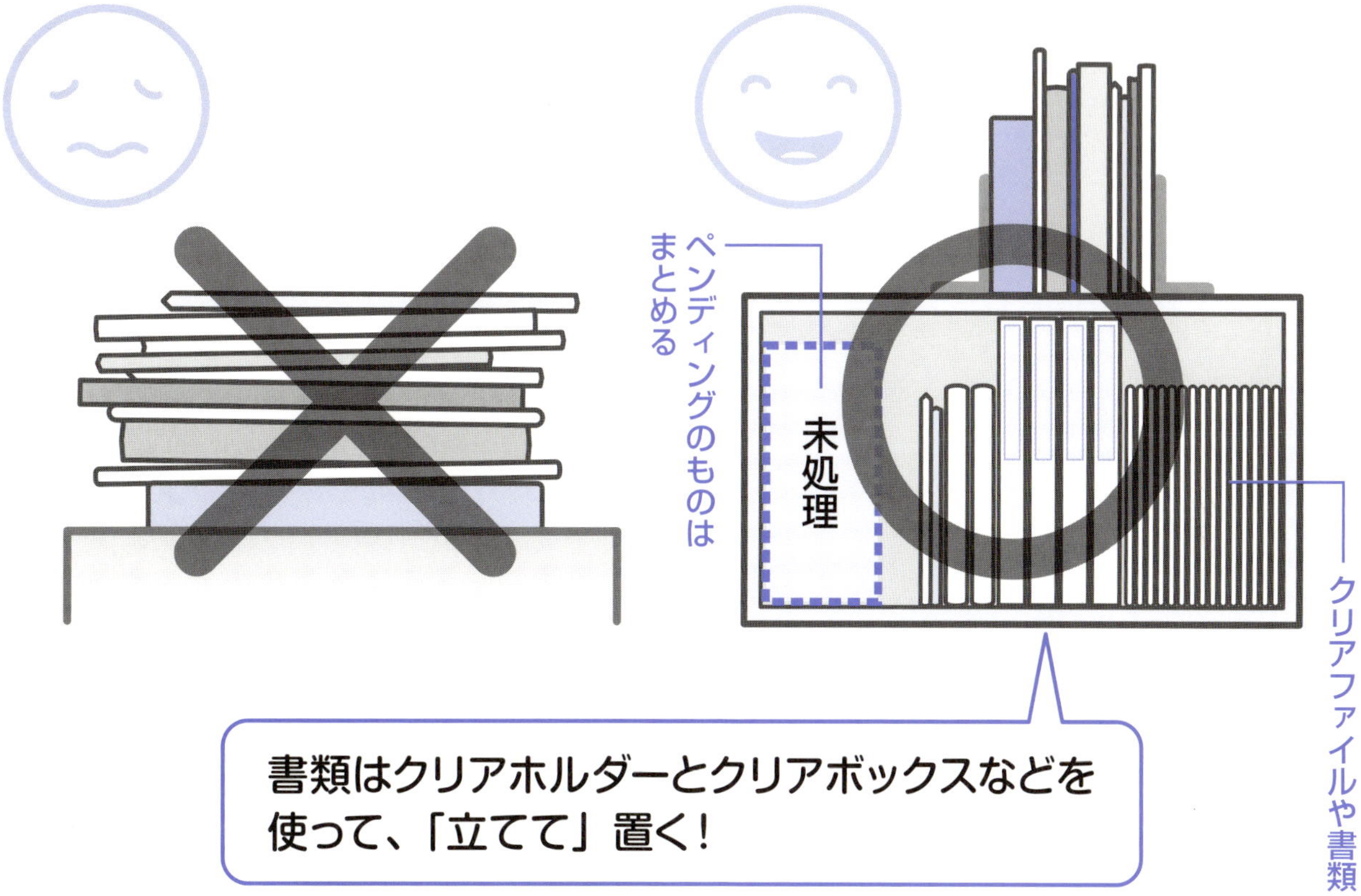
ペンディングのものはまとめる
未処理
クリアファイルや書類
書類はクリアホルダーとクリアボックスなどを使って、「立てて」置く！

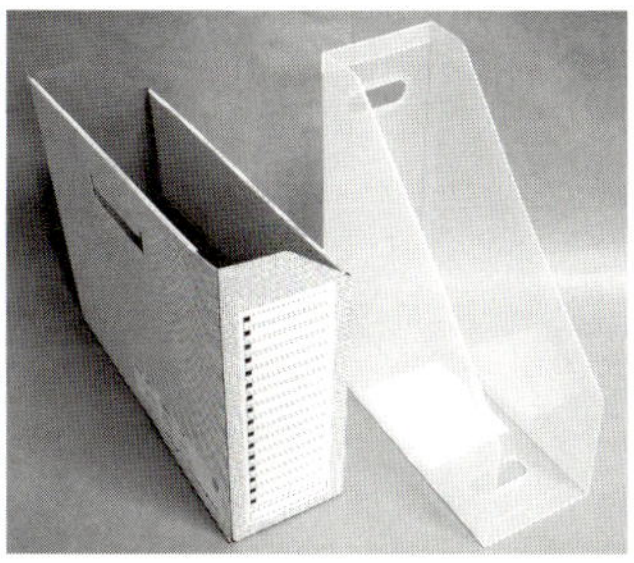

書類の整理には、A4サイズの入るファイルボックスがあると便利

ペンディング（未処理）になっている書類は1カ所にまとめる。中を定期的に見直してチェックし、不要なものは捨て、必要なものは別に分類してファイルする

Point

書類を積み上げると、下のほうに重要書類が埋もれてしまう。必ず立てて置くことを心がけよう！

5

ひとつの箱に詰め込まないことが収納のコツ

文具・小物がデスクで行方不明にならない方法

ペン立てにひと工夫して整理の効率アップ!

文房具やちょっとした小物類……これらをすべて引き出しにしまっておくと、1日に何度も引き出しを開閉しなければならず、とても効率が悪くなります。

スピーディーな作業を心がけるのであれば、頻繁に使う筆記用具などは、デスクの上に出しておくことが鉄則。

しかし、置き場所を決めてすぐ手に取れるようにしておかないと、デスクの上が散らかってしまうだけです。

筆記用具を使いやすいポジションに収めるには、丸型よりもスペースが無駄にならない角型の箱をペン立てとして用います。

このとき、深さの違うものを3つくらい組み合わせると便利です。

一番深い箱には、定規やハサミなど長さのあるものを入れておきます。

中くらいの深さの箱には、普段よく使う筆記用具を、取り出してすぐに使えるように〝ペン先を下にして〟入れておきます。

ペン立ての底には折り畳んだティッシュペーパーを敷いておくと、鉛筆の芯が折れにくく、またインク漏れがあった際にも他の筆記用具を汚しません。

深さのない3つ目の箱は、消しゴムやクリップ、付箋などの小物を入れておくトレイとして用います。

道具の大きさ（背の高さ）別なので、どこに何があるのかがわかりやすい、というのが、この収納法のメリットです。

私は最初、いくつかのペン立てを買ってきて組み合わせていました。しかし今はネットショップなどで小物入れとペン立てを兼ねた商品が市販されています。

小物収納のコツは「ひとまとめにしない」こと!

「いろんなところにモノがあるのはわかりづらいから」という理由で、ひとつのペン立てや箱に、すべて入れてしまう人がいます。たしかに、モノはなくならないかもしれませんが、これでは効率的に仕事をこなすことはできません。道具の何もかもを大きな入れ物にまとめてしまい、しかもギチギチに詰め込んだ状態にしていては、小さなものは埋もれてしまい、見つけにくく、取り出しにくくなってしまうからです。

付箋を使おうと探したけれど見当たらない。そうだ、箱の中にあるはずだ、と思っても、すぐには見つけられず、仕方なく箱の中身を全部出してから取り出した……なんてことになっては、箱の中身を出す時間、そしてそれを再び箱に入れる時間、という無駄が生まれます。

入れるものの大きさや長さに合わせてペン立てや箱を変える

よく「大は小を兼ねる」と言われますが、小物の収納に関して言えば、それは適切ではありません。容器は、入れるものの長さや大きさに合わせて選ぶことが、スピーディーに仕事を進めるための最適な方法なのです。

容器がたくさん増えては逆効果ですが、3つか4つなら問題ありません。

筆記具や小物の整理方法

同じ形のペン立てに
いろいろ入れてしまうと

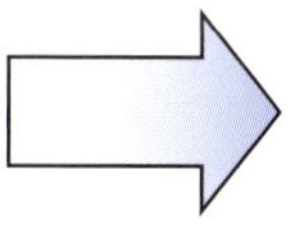

ない
ない

欲しいペンなどが
すぐ取り出せない

そこで

ペン立ては四角いものを
組み合わせる

深さが違うペン立てを
組み合わせると便利！

高さ12〜14センチ。
長い定規やハサミ、
刷毛、長い文具など
を入れる
高さ5〜6センチ。
ホチキスの針や
クリップ、輪ゴム、
消しゴムなどを
入れる
高さ8〜10センチ。
常に使うボールペン類や
鉛筆を入れる。
底にティッシュペーパー
を敷いておく

Point

入れるものの大きさに合わせて、ペン立てなどを決める。
深さの違うものを3つほど組み合わせるとベター！

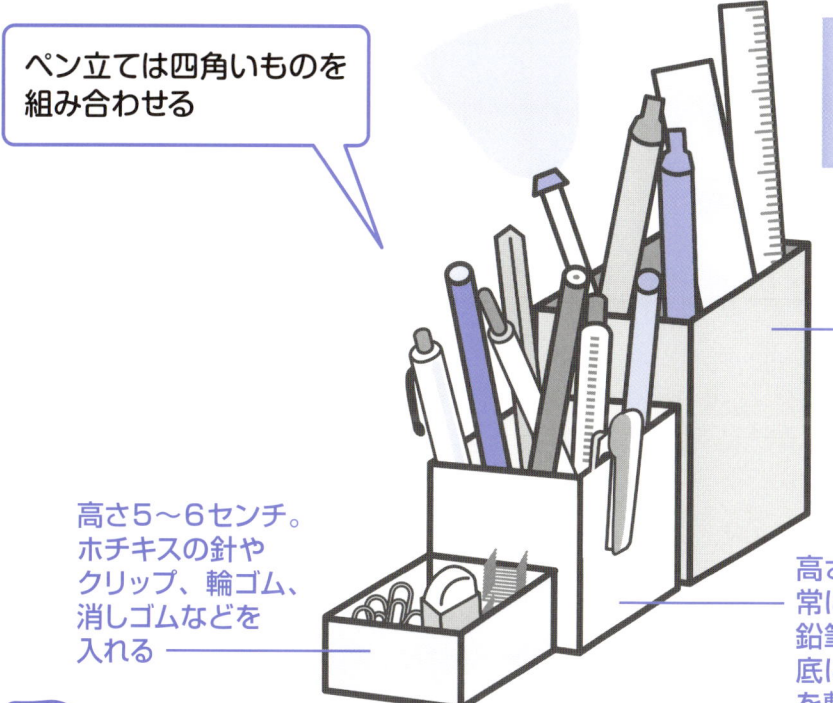

6

●簡単にモノが見つかり、ラクに取り出せることが必須

引き出しの整理は デスクの上と連動させて考える

引き出しの中も「レイアウト」が重要だ

デスクの上をいくら完璧にきれいにしても、引き出しの中がゴチャゴチャでどこに何が入っているかわからない……ということでは、効率的な仕事はできません。

引き出しは言わば「デスクの内部」。表面と内部を一体化させて考え、あなたの「ビジネス基地」を機能的なものへと変えるための整理をしましょう。

引き出しの整理の際に心がけたいのは、次の5原則です。

①モノを置く（入れる）場所を決める
②収納に「余裕」を持たせる
③使用頻度の高いものは手前／あまり使わないものは奥に
④仕切りを駆使する
⑤定期的に中を見直す

この5原則を念頭に置き、引き出しの中を機能的にレイアウトしていくのです。

①の「モノを置く場所」は、デスクに設置された各引き出しの特性を考え、「どの引き出しに何を入れればいいか？」を考えて決定します。このときのポイントは「効率性」。作業をスピーディーに進めるには、無駄な動きをせずに、簡単にモノが見つかり、取り出せることが必須です。

②の「余裕を持たせる」とは、多くのモノを無理やり詰め込まない、ということです。デスクは表面（デスクの上）と内部（引き出し）でひとつの機能を果たします。「道具はすべて引き出しへ」と考えず、デスクの上と連動させて考えることで、引き出しの中の余裕も生まれます。

③は、機能重視のレイアウトのことです。普段使わないものを手前に置いたままにしておいても邪魔なだけ。④の原則に従い「仕切り」でより使いやすくし、効率アップをはかりましょう。

そして⑤「定期的に中を見直す」ことを習慣とし、常に引き出しの中を最適な使いやすさにカスタマイズしておくことも重要です。

引き出しの中のものも全部出してしまおう

26ページで、デスクの上をまっさらにすることを書きました。これは引き出しも同じです。実際に引き出しの中の整理を始める際には、まず「まっさら」な状態にすることから始めます。つまり引き出しの中身を空にしてしまうのです。

段ボール箱か紙袋、透明のビニール袋などを複数用意して、引き出しの中身を大まかに分類しながら入れていきます。このとき、中身のリスト（メモ書き）をつくっておくと、後で引き出しに中身を戻す際、より計画的なレイアウトができるはずです。

引き出しの奥からは、何年も使ったことのない筆記用具や、誰かからもらったおみやげ、何が入っているかわからない書類ファイルなどが「発掘」されるかもしれません。これらを整理し、要らないものはすぐに捨ててしまうようにしましょう。

懐かしいものも出てくるはずですが、あまり楽しみ過ぎないように！

引き出し整理の5原則

原則❶　モノを置く（入れる）場所を決める

各引き出しの特性を考え、「どの引き出しに何を入れればいいか」を考える。このときのポイントは「簡単にモノが見つかる」という効率性

原則❷　収納に「余裕」を持たせる

多くのモノを無理やり詰め込まない。引き出しはデスクの上と連動しているのだから、取り出しやすさも大事になる

原則❸　使用頻度の高いものは手前、あまり使わないものは奥

機能を重視してレイアウトする。よく使うものは手前に、作業がやりやすいように区別する。毎日使うものはデスクの上に置いたほうがいい

原則❹　仕切りを利用する

100円ショップやホームセンターの小物、引き出しトレイ、名刺の空き箱などを利用して、モノ別、機能別に仕切る

原則❺　定期的に中を見直す

月に1度ぐらいは、引き出しの中のものをすべて見直す。知らず知らずのうちに「ゴミ」はたまっているもの。不要なレシートなどを整理してスッキリとさせる。これでますますカスタマイズされて使いやすくなる

Point

引き出し整理のスタートは、まず中のものを全部出して空っぽにすること。これを引き出しの中に分類していく

7

上段の引き出しは、いちばん開け閉めがしやすい

センター引き出しの効果的な使い方

センター引き出しには頻繁に使うモノを入れない

標準的なデスクには、「センター」「上段」「中段」「下段」と、４つの引き出しがついています。そして各引き出しは、大きさ、位置の関係からそれぞれ異なった特性（使い勝手）を持っています。

各引き出しによって収納しやすいモノ、出し入れしやすいモノも違いますので、まず「どの引き出しに入れるか？」を考えておく必要があります。

センターの引き出しは、一番幅があるため、あまり考えずにさまざまなモノを入れてしまいがちです。しかし、開けるには一度椅子を後ろに引かなければならないため、使用頻度の高いモノを入れておいて頻繁に出し入れするのには不向きです。

いっぽう、幅がある＝収納面積が広いということは、Ａ３やＢ４といった大きなサイズの企画書、図面、集計用紙を折らずに入れるのには適しています。長い定規などの収納場所としても、広いセンター引き出しがぴったりです。

しかし、使い勝手を考えれば、あまり頻繁に開け閉めの機会を設けることをせず、基本的には普段使うものは入れない、と割り切ったほうがいいでしょう。

やりかけの仕事の定位置にするのが最も効果的な使い方

センター引き出しの使い方でおすすめなのは、「やりかけの仕事の定位置」とすることです。つまり、仕事中にちょっと席を離れるようなときに、「一時避難」のような形で、書類を入れておきます。

あるいは、退社時に、その日やりかけの仕事を全部Ａ３サイズのクリアホルダーに入れ、それをそっくりそのままの状態でセンター引き出しに収納します。翌日、ホルダーごと取り出せば、すぐに進行中の仕事の続きに取りかかれます。

袖の上段の引き出しは、位置的に一番開け閉めがしやすい引き出しです。

高さはあまりないので、使用頻度の高い小物を収納しておくのに最適です。

具体的には、「デスクの上に出しておくほどではないが、結構使う」という文房具類がメインになります。

上段の引き出しは入れるモノごとに細かく仕切る

また、引き出しの中でも使用頻度の優先順位を決め、よく使うモノは手前に、あまり使わないモノは奥のほうに収納する……という原則を守りましょう。

中はトレイや名刺の空きケースなどを使って「仕切り」をつくり、見つけやすさ、取り出しやすさをアップさせます。仕切り方のポイントは、入れるモノのサイズぴったりにするのではなく、必ず余裕を持たせ、取り出しやすい隙間を確保することです。

隙間なく入れられた小物は、取り出しにくく、またしまいにくいものです。

日頃から引き出しの中身の見直しをしていれば、不要なモノが増えることもなくなり、余裕は確保できます。「入れ過ぎ注意」を心がけてください。

センターと上段の引き出しの整理法

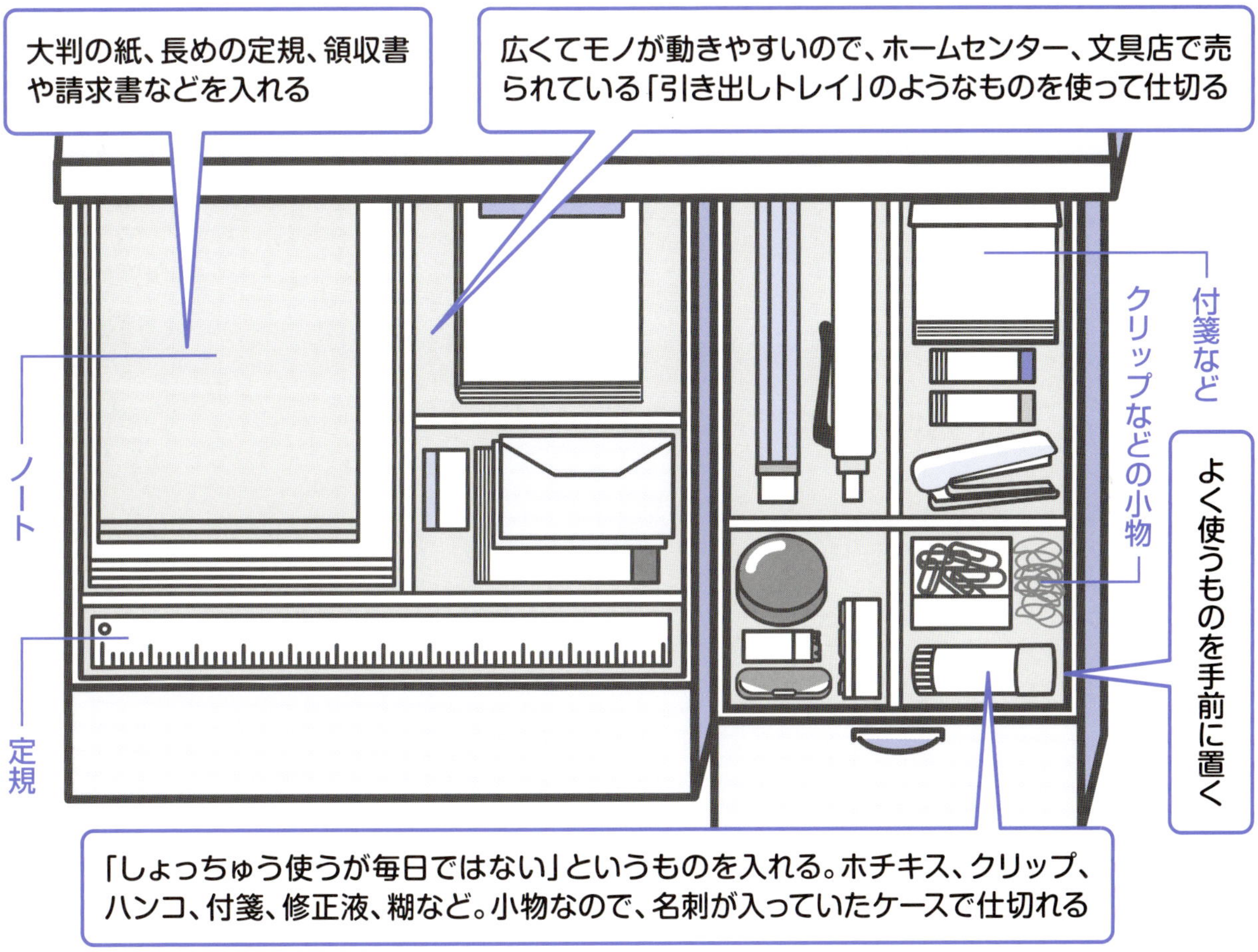
大判の紙、長めの定規、領収書や請求書などを入れる
広くてモノが動きやすいので、ホームセンター、文具店で売られている「引き出しトレイ」のようなものを使って仕切る
ノート
定規
付箋など
クリップなどの小物
よく使うものを手前に置く
「しょっちゅう使うが毎日ではない」というものを入れる。ホチキス、クリップ、ハンコ、付箋、修正液、糊など。小物なので、名刺が入っていたケースで仕切れる

◎センター引き出しのオススメの使い方

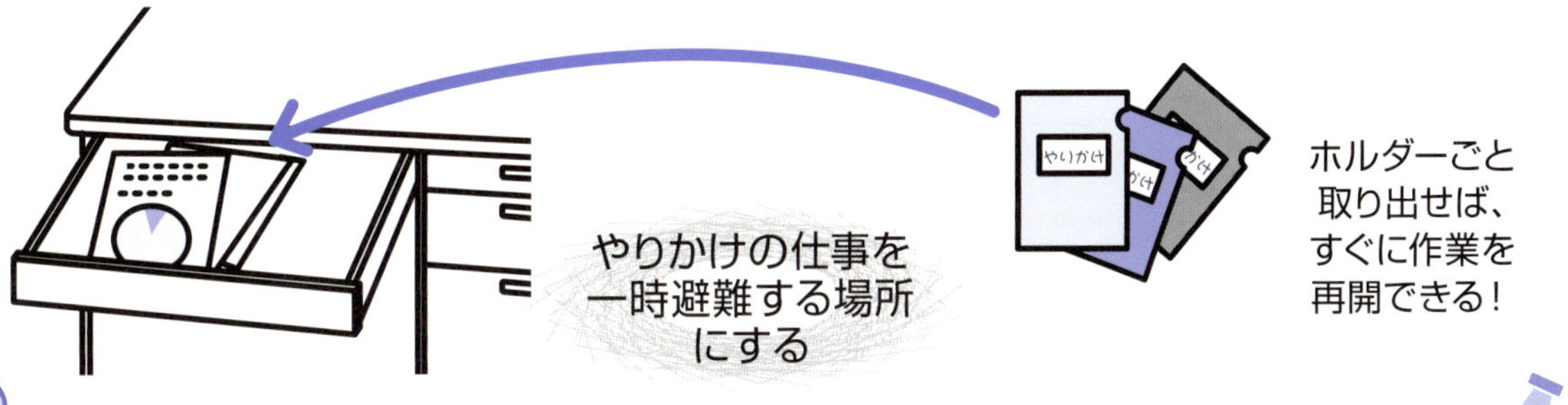
やりかけの仕事を一時避難する場所にする
やりかけ
ホルダーごと取り出せば、すぐに作業を再開できる！

Point

2つともよく使う引き出しだから、「使いやすさ」「取り出しやすさ」を重視して整理する

8

中段は、工夫次第でさまざまな使い方ができる

自由度の高い中段の引き出しの上手な活用法

袖中段の引き出しは高さを生かした収納が可能！

工夫次第でさまざまな使い方ができるのが、袖中段の引き出しです。高さは上段（一番上）の引き出しの2～3倍ありますから、使用頻度が比較的低く、上段には収まりきらない、かさばる大きさのモノ（テープカッター、ガムテープ、2穴パンチなど）の収納ができます。

また、意外と置き場所に困る本やDVD・CDなどの記録媒体を入れるのにも、中段の引き出しはちょうどいい高さです。仕事において使用頻度の高い本といえば、各種辞書やパソコンのマニュアルなど。とはいえ、毎日使うものでもありませんから、デスクの上ではなく、引き出しの中にしまっておくのがベストなのです。

中段の引き出しでも、「よく使うモノは手前に、あまり使わないモノは奥のほうに」の原則は同様です。各種道具類や記録媒体の予備といった備品のストックを手前に置き、奥のほうは、たまにしか使わない小物や、保存しておきたい手紙、資料、メモなどを入れるスペースにしましょう。

「何でも入っている」カオス状態にならないように注意！

備品のストックをいちいち別の場所（共有スペースなど）に取りに行くために席を立っていては、仕事の集中力も途切れがちです。ストックはいつでも使えるように手元に置いておくことが、仕事の効率化につながるのです。

また、シリアル・バーやキャンディなどの〝残業のお供〟の食品や、常用しているサプリメントをこの中段の引き出しに入れている人も多いようです。

中段の引き出しは、高さの点から自由度が最も高いポジション。それだけに、「ここにはこれを置く」という計画とルールに基づいた使い方をしなければ、「何でもかんでも入っている」「何が入っているかわからない」というカオス状態にもなりがちですから、注意が必要です。

何が入っているかを「上から一覧できる」収納を！

中段の引き出しを「何が入っているかわからない」状態にしないためには、何がどこにあるかを「上から一覧できるように」収納することが大事です。ある程度の高さ（深さ）がある分、中でモノが積み重なってしまい、入っているものに気づかなくなる場合もあるのです。

ケースなどに入れて収納しているものは、ふたを外します。また、ケースは中身が一覧できる透明のものがベターです。

「開けたらすぐに、何が置いてあるかがわかること」

これはすべての引き出しについても言えることですが、自由度のある中段の引き出しでは、とくに心がけるべき点です。整理を終えたら、目的のモノがすぐに見つかり、さっと取り出せるかをテストしてみましょう。うまくいかなければ、向きを変える、位置を変えるなどして、改善しましょう。

中段の引き出しの整理ポイント

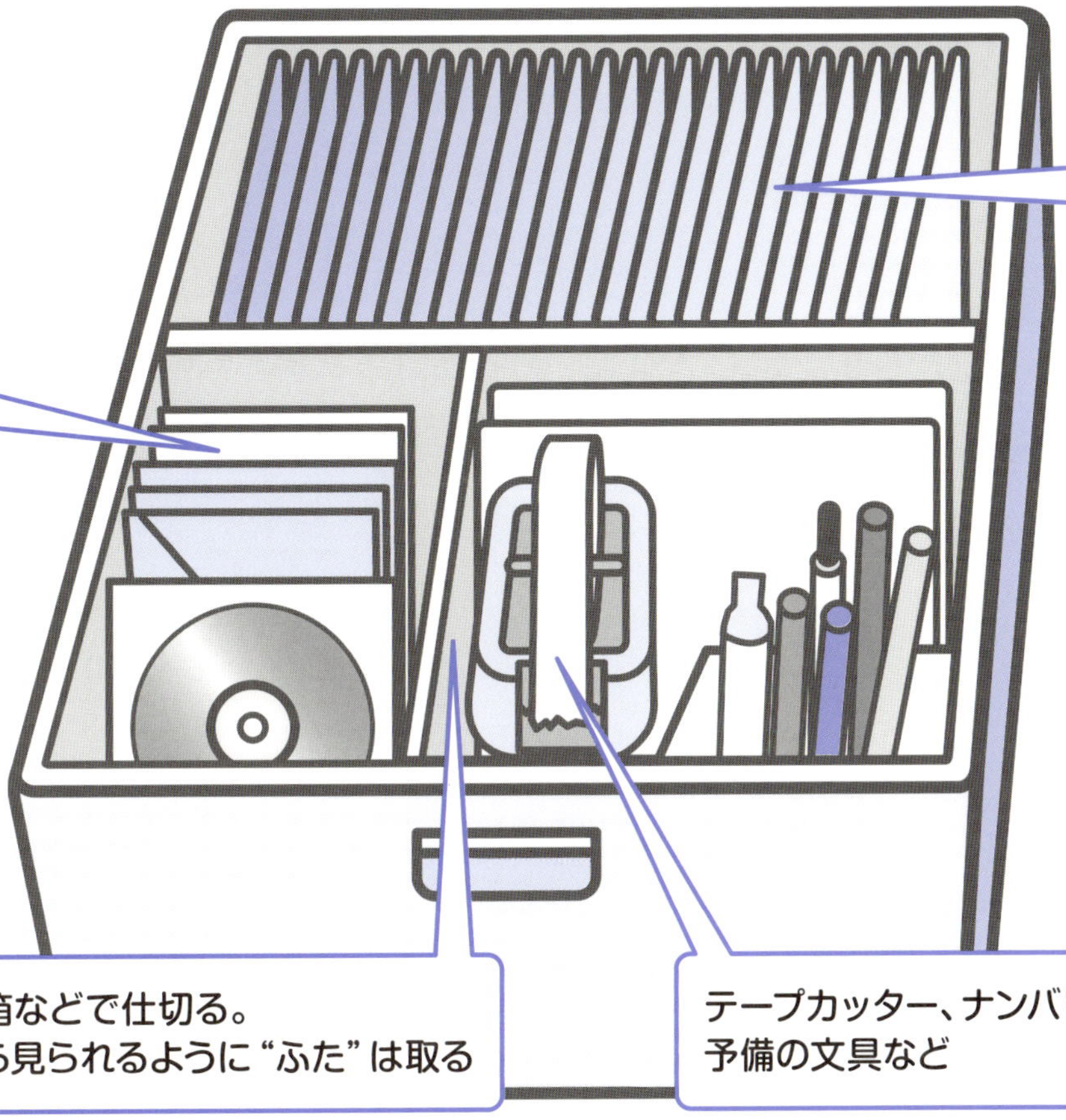
ハガキ、手紙、バックアップのＣＤ、
ＤＶＤ、手帳のリフィルなど
奥のほうは、古くても保存しておきたいハガキ、
使用頻度の低い資料、昔の大切なメモなど
菓子箱などで仕切る。
上から見られるように“ふた”は取る
テープカッター、ナンバリング、
予備の文具など

きちんと仕切られているとカオス状態にならない

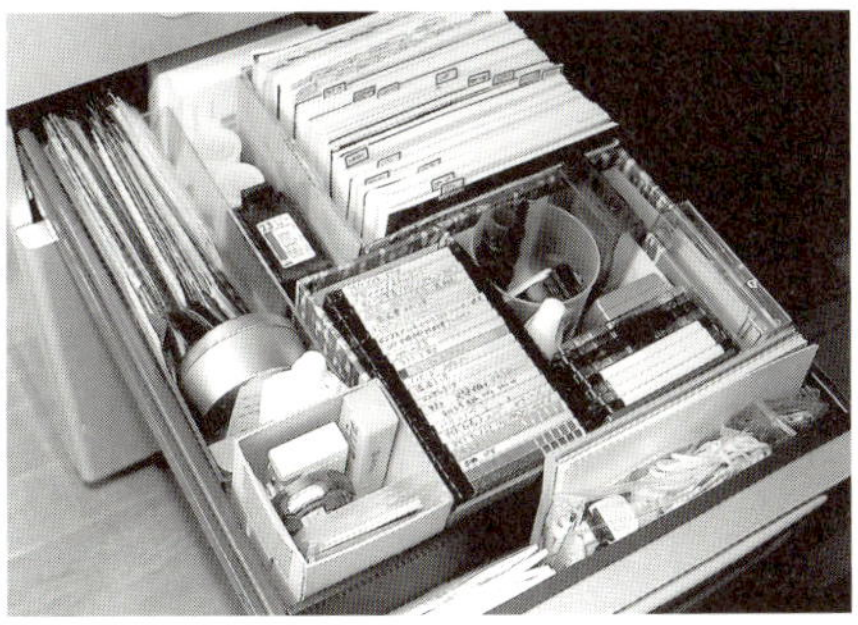

上から見て、何がどこに入っているか、ひと目でわかるようにしておくことが大事

Point

浅い引き出しには入らないが、比較的よく使うものを入れる。ここでも「手前に使用頻度の高いもの」の原則を！

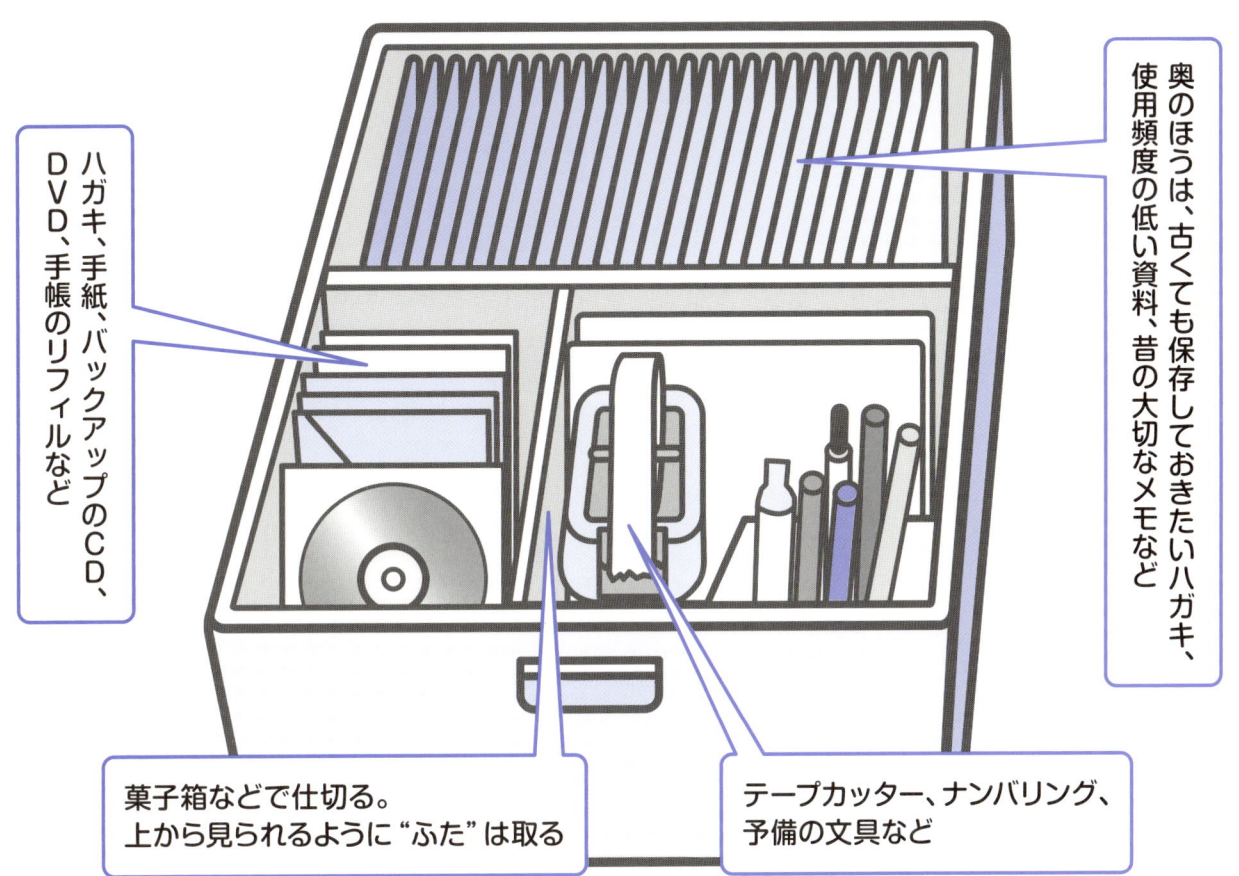

9

下段はＡ４ファイルを入れるのが最も効果的

下段の引き出しは、上から見てファイルを一覧できるように

整理のためにはファイルボックスを活用する

まとめた書類をどこに置くか、で悩む人は多いはずです。最も適しているのは、高さがあり、かつすぐに出し入れができる、一番下の引き出しです。

Ａ４サイズの書類、ファイル類も、背を上にして立てて入れることが可能です。

ただし、クリアホルダーやビニール製のバインダーなどの軟らかく薄いモノを直接入れると、すぐに斜めに倒れてしまったり書類の厚みで変形したりします。こうなると、取り出しにくく、何が入っているのかわからない「ゴチャゴチャの引き出し」になってしまいます。

そうならないためにも書類を入れる際には、ファイルボックスを利用することをおすすめします。今、硬いファイルしか使っていなくても、まずはファイルボックスを用意しておきましょう。

ファイルボックスは、標準的なデスク用引き出しにだいたい5～6個入れることができます。つまり、書類を5～6のテーマに分類して収納できる、ということです。ファイル、クリアホルダー、バインダーなど、ファイルボックスがあれば、あらゆるタイプのまとまった書類が、わかりやすく整理できるのです。

「一目瞭然」のために書類にはラベルを

一番下の引き出しには、ハンギングホルダーが取り付けられるようになっているタイプのものもあります。これを活用して、下段の引き出しを「書類専用」のキャビネットにしてしまうのもいいでしょう。

デスクの上に立てておく書類は「現在進行中」のものだけ。その他の書類は、すべてまとめてこの引き出しに収納してしまうのです。

ファイルボックスを使用する際も同様ですが、書類をファイリングする際には、ファイルに必ずタイトルをつけておくこと。きれいに立てて収納したはいいけれど、何の書類だかわからない……では機能的とは言えません。

この引き出しも、上から見たときに入っているものが一覧できるようにしておきましょう。高さがあるので、スペースに余裕があれば、パソコンの付属機器やデジカメ、各種コード類なども収納できます。

その際には透明のボックスケースなどにひとまとめにしておけば、どこかに隠れてしまうこともなく、中身が一目瞭然です。

使用目的（置くもの）を明確にした収納を！

高さのあるこの引き出しは、ある程度の大きさのものでも収納できる便利な引き出しです。しかし、その便利さゆえに書類、小物と区別することなく何でもかんでも放り込んで、何が入っているかわからなくなる……ということになりやすいのも、この引き出しの特徴です。

まずは使用目的（入れるもの）を明確にしておきましょう。

下段の引き出しの整理ポイント

資料は手前から使用頻度の高い順に！

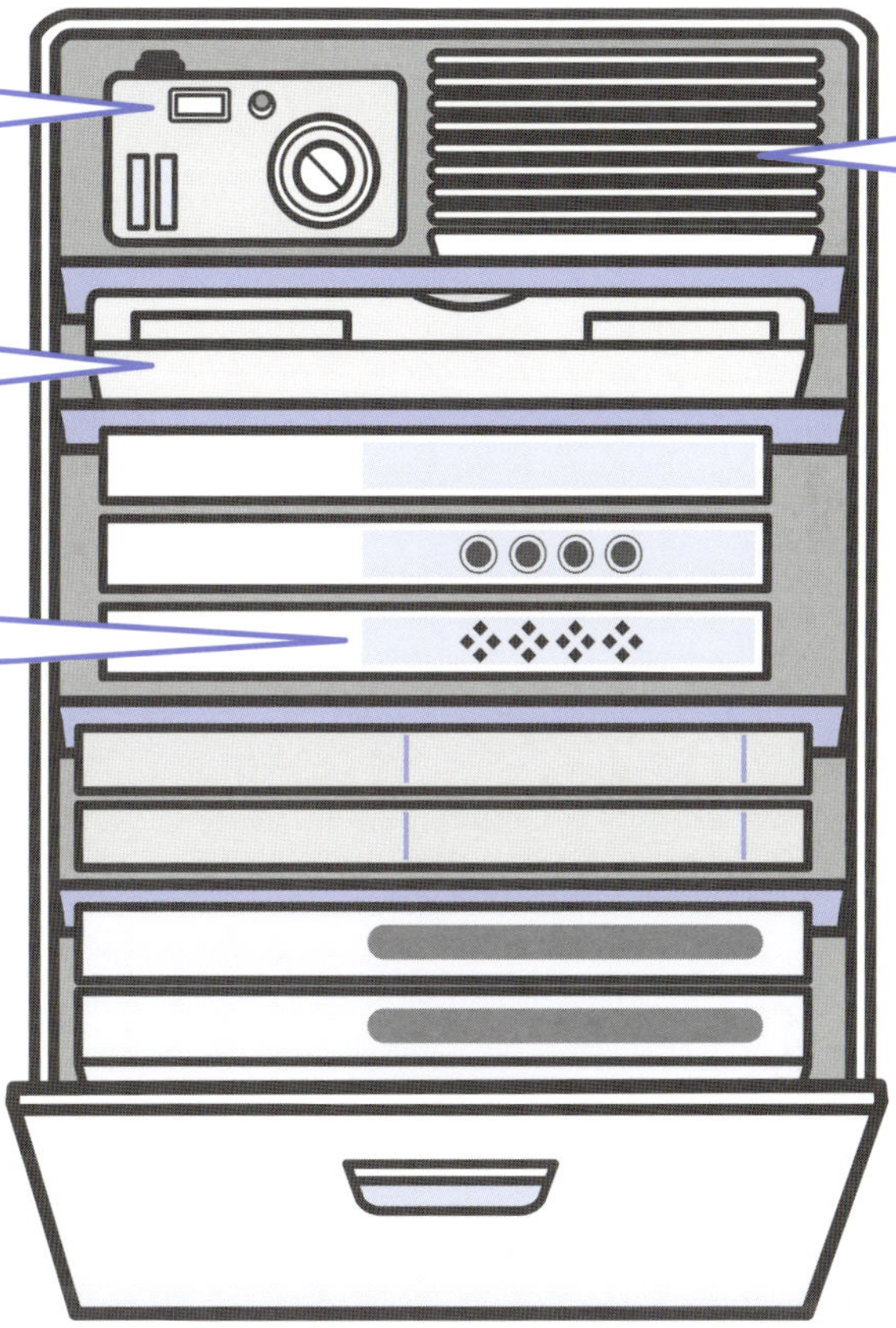
デジカメ、ボイスレコーダーなども入る
ノートパソコン、充電器、ケーブルなども入れておける。ただしパソコンは机の上で使うのがベストでもある
資料の背にはラベル（名前、タイトル）をつけておく
古い資料

◎下段の整理には
ファイルボックスが大活躍

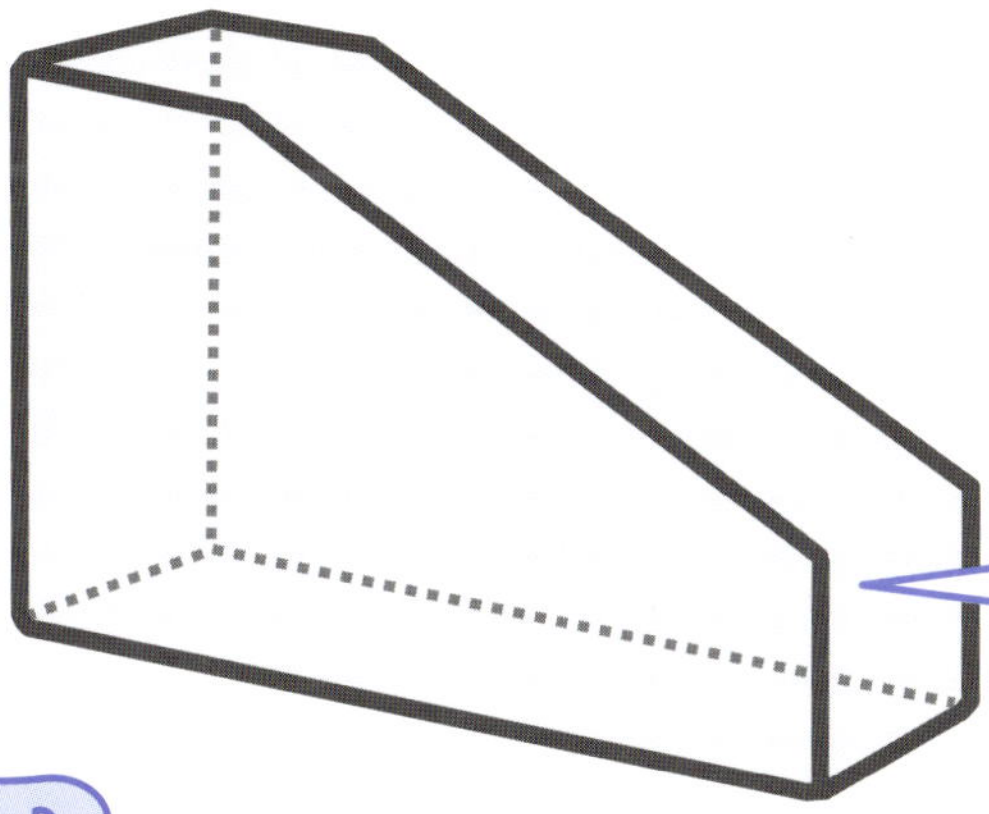
このようなファイルボックスが100円ショップなどで売られている。この中にA4サイズの資料やクリアホルダーを入れておけばよい

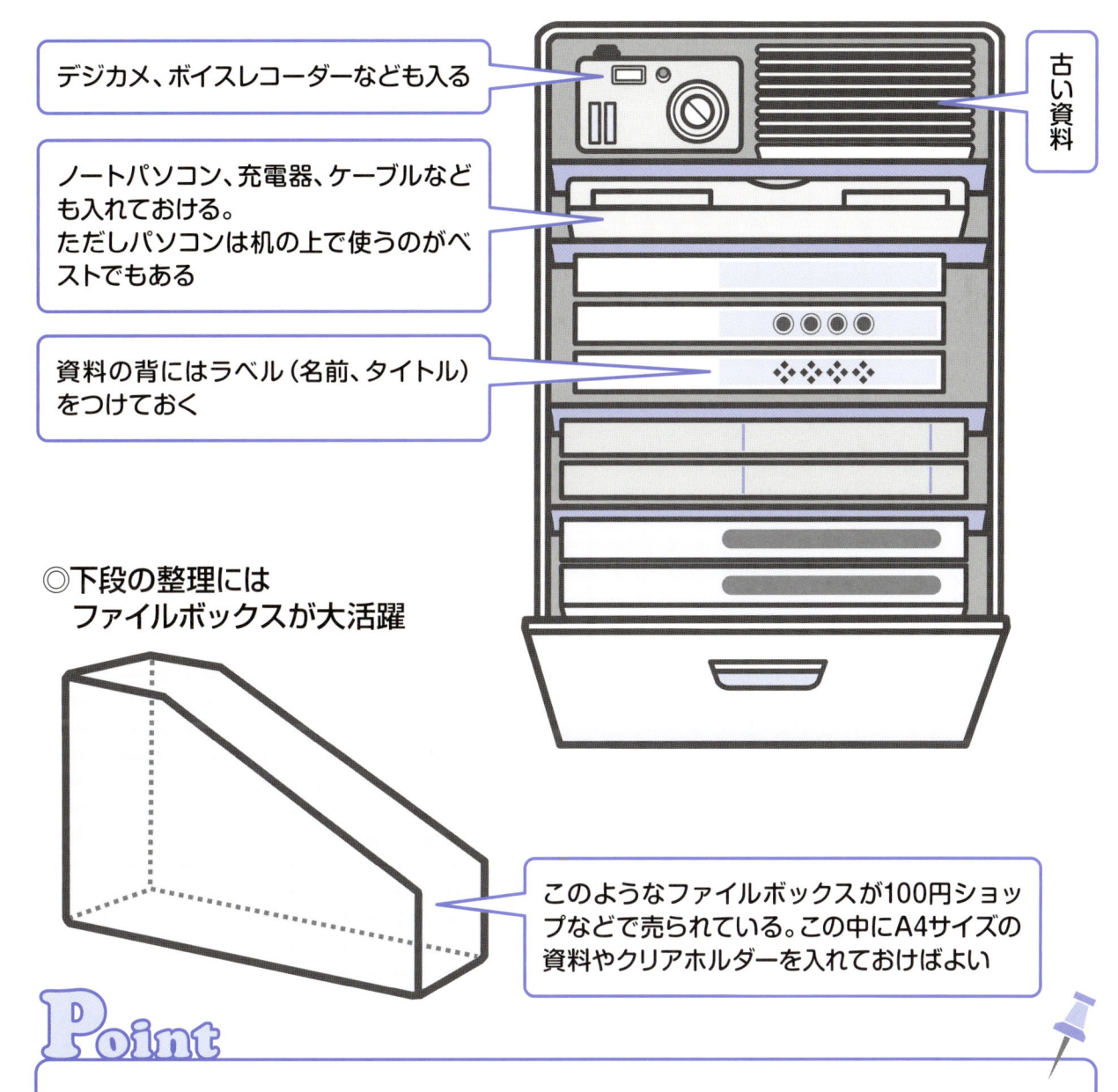

Point

厚さ3〜10センチぐらいの箱形のボックスケースに、資料などをプロジェクトごとに入れておいてもいい。厚いので書籍も入る

10

●デスクトップのアイコンは少なくが基本

パソコンのファイルは必ずフォルダをつくってまとめる

「もうひとつのデスクの上」を散らかさない

いろんなモノが散乱していない、必要なモノがすぐに取り出しやすいところに置かれている……こういった「機能的なデスク」の概念は、今や重要なビジネスツールであるパソコンにも必要とされます。

パソコンもデスクトップ（机の上）が散らかっていて、どこにどんなファイル、フォルダがあるかがすぐにわからなければ、効率的な仕事は望めません。

「デスクトップがアイコンでいっぱいになっている」ということは、デスクの上にモノや書類・資料がゴチャゴチャに積み上げられているのと同じです。

必要なファイルが見当たらず、いちいちいくつものファイルやフォルダを開いて確認しなければならない……じつに時間がもったいないですよね。

また、いくつものファイルやフォルダをデスクトップに出しっぱなしにしているパソコンは、起動や処理のスピードも落ちます。時間の無駄遣いや仕事のミスをなくすため、「もうひとつのデスクの上」であるパソコンのデスクトップは、なるべくアイコンを少なくしましょう。

「まとめて保管」を心がけよう

デスクトップ上のアイコンの数を増やさないようにするには、「ファイルはそのままバラバラに出しておかず、必ずフォルダをつくってそこにまとめる」という基本を徹底させることです。

ファイルへのまとめ方はいろいろですが、テーマ（プロジェクト・企画）別にしておくのが一番わかりやすく、必要なときに必要なもの（ファイル）を取り出すのにも適しています。

仕事先別に分けてもいいでしょう。

アプリケーションのショートカットアイコンは便利ですが、これも普通のデスク回りと同じように、「使用頻度の高いものを、取り出しやすいところに」ということにします。デスクトップに置くのは、よく使うアプリケーションのものだけ。

使用頻度の高いものは、他のアイコンと少し離しておくといいでしょう。

使用頻度の低いものは、スタートメニューの中に移動するか、思い切って削除してしまいましょう。

わかりやすいタイトルをつけるいくつかの条件

ファイルのタイトル名は明確にすることが必須です。「企画1」などではなく「○○企画書」と、ひと目ですぐに何のファイルかがわかるということが、自分が後で探す際にも見つけやすくなるポイントです。

また、タイトルに日付（作成日）を入れることでも、検索性はアップします。

フォルダのタイトルに関しては、紙の書類・資料で同テーマのものがある場合は、それと同じタイトルをつけ、リンクさせておくことも有効です。

パソコンの「机の上」をきれいにする!

デスクトップがアイコンだらけだと、机の上が散らかっているようなもの

左上に一番使用頻度の高いファイルを置く
作業中、関係ないアイコンをクリックして作業が中断する
必要なファイルがすぐに見つからない
パソコンの処理速度が遅くなる

時間の無駄やロスが生まれる

上手なファイル管理のポイントは?

①タイトルを明確にすること。○○の△△に関する企画書、××レポート資料2013年12月分……などのように
②ファイル名に作成日付を入れる。「2013-12　企画書○○案」のように
③紙の書類、ファイルのタイトルと同じタイトルにする

タイトルを見れば中身がわかるように!!

Point

同じテーマ、プロジェクトのファイルは同じフォルダに入れる。さらに月に1度はフォルダの中を整理する

COLUMN

デスクの上にあると便利なもの!

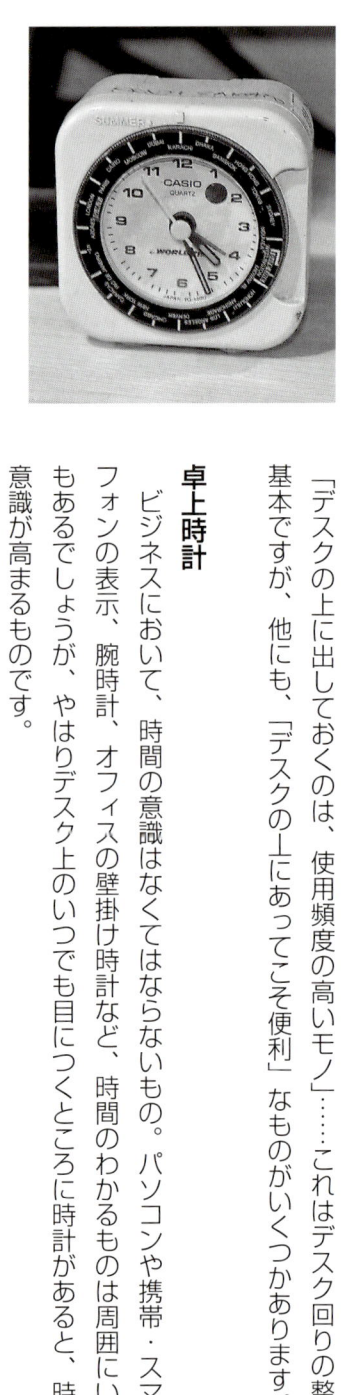

「デスクの上に出しておくのは、使用頻度の高いモノ」……これはデスク回りの整理の基本ですが、他にも、「デスクの上にあってこそ便利」なものがいくつかあります。

卓上時計

ビジネスにおいて、時間の意識はなくてはならないもの。パソコンや携帯・スマートフォンの表示、腕時計、オフィスの壁掛け時計など、時間のわかるものは周囲にいくつもあるでしょうが、やはりデスク上のいつでも目につくところに時計があると、時間の意識が高まるものです。

なるべくサイズが小さく、それでいて表示が見やすいものを選びましょう。

ミラー

電話をかける前に、自分の表情（笑顔）を鏡で見れば、緊張することなく電話ができるといいます。自分を客観視することは、気持ちを落ち着かせ、集中力を高める効果もあります。デスクの上にミラーを置くのも「できるビジネスパーソン」のたしなみかもしれませんね。

付箋

これはもう当たり前の小物ですが、ちょっとしたメモをすぐとれるように、デスクの上にはぜひとも用意しておきたい一品です。

おすすめなのは、10センチ四方の大き目のメモ付箋です。ToDoリストとして利用しデスクの上に貼っておくこともできますし、そのまま後で手帳・ノートに貼るという〝流用〟もできます。

最近はカラフルなもの、キャラクター入りのものなど、さまざまな種類の付箋が売られていますから、ぜひ自分の好みのものを選んで、デスク上を演出してみてください。

それだけで仕事が楽しくなるものです。

PART 3

書類をため込まなければ、整理は9割うまくいく

ゴチャゴチャした環境から抜け出そう

1

名刺は人脈の大切なデータベース

必要のない名刺は思い切って捨てる

名刺が整理できていないと人脈も広がらない

名刺はビジネスパーソンにとって大事なアイテム。しっかり管理することは、仕事の基本中の基本と言えるでしょう。

しかし、小さなものだけに、しっかり保管しないと、すぐになくなってしまいます。

多くの人が、何枚もの名刺を収納できる名刺ファイルを利用しているはずです。しかし、ただ50音順に並べるだけでは、名刺を「有効に」活用することはできません。

名刺ファイルの中に入っている名刺を見直すと、誰だかわからない……という人の名刺も、何枚かあるはずです。その名刺は、あなたにとって「必要のない名刺」です。こういった名刺を大事に保管していくことは、必要な名刺を見つけづらくさせる要因にもなります。

仕事の効率を重視した環境を考えるのであれば、必要のない名刺は思い切って捨てることをおすすめします。

名刺を捨てるときには慎重に、ていねいに！

「名刺を捨てるなんて、失礼だ！」という意見もありますし、「小さいから保管しておける」と思う人もいるでしょう。

しかし、小さな名刺でも、たまれば膨大な量です。連絡しない相手の名刺を何枚も保管すると、重要な名刺が見つかりません。

①今後連絡を取り合う（と思われる）人
②直接やりとりをすることのない人
③連絡を取ることがまったくない人

これを分類し、③の名刺は、思い切って捨ててしまいましょう。ただし名刺にはさまざまな個人情報が詰まっています。シュレッダーにかけるか、厳重に破棄するのが原則です。最近は機密文書を安全に処理してくれるサービスもあります。

「今後よく連絡を取り合う人」の名刺は、コンパクトなサイズの名刺ファイルに入れて、いつでも使えるよう、手元（デスクの一番上の引き出しなど）に入れておきます。スマートフォンなどで撮影して管理してもいいでしょう。

「直接やりとりをすることのない人」の名刺は、Ａ４サイズ以上の大き目の名刺ホルダーなどに入れておきます。このホルダーは、デスクの一番下の引き出しなどに入れておきます。

手元に置く名刺ファイルは電話帳代わりにもなる

手元に置く名刺ファイルは、あなたの電話帳代わり。したがって、連絡の頻度が高い人の名刺を一番手前に入れます。残りの名刺は50音順、業種別……どのように分類にしてもいいのですが、あまり細かく分類しては、逆に使い勝手が悪くなります。

また、分類そのものに時間がかかってしまうため、もらった名刺の保管が「面倒な作業」となります。これでは、保管を習慣にもできません。分類や保管に意味があるのではなく、名刺はあくまで今後の連絡などで「使うこと」に意味があるのです。

名刺を整理すれば、人脈も整理できる！

名刺を単純に50音別に並べるだけでは
有効活用できない

つき合いの深さで、大きく3つに分類する

①今後、連絡を取り合う（と思われる）人
②直接やりとりすることはない（と思われる）人
③今後、連絡を取り合うことがまったくない（と思われる）人

③は不要な名刺。
シュレッダーにかける
などして捨てる

「不要な名刺は捨てる」
――まずここから始めよう

今後連絡を取り合う人の名刺

コンパクトな名刺入れに入れて、
常に手元に置く

直接やり取りすることはない人の名刺

大きなファイルに保管しておく

Point

とくに業種別、50音別など、あまり細かく分けすぎると使い勝手が悪くなる。時系列が最もシンプル！

2

手紙は放っておくと、どんどんたまってしまう

郵便物は受け取ったその場で処理する

「受け取ったらすぐに」処理するのが基本中の基本！

知らないうちにどうしてもたまってしまうものに、ハガキや手紙があります。後で使う、ということはあまりないとはわかっていても、名刺同様「捨ててしまうのは相手に失礼」という意識もあるのでしょうか、なかなか処分に踏み切れません。

これら郵便物の整理の基本は、「受け取ったらその場で処理する」ということです。受け取ったその場で処理するのが無理でも、「その日のうちに」、つまり仕事を終えて帰る際には、処理します。

「とりあえず」の保管場所をつくっておく方法もありますが、そのうち処理に困るのが普通ですし、大切な文書をなくしてしまう原因にもなります。仮に一時置き場をつくったとしても、チェックは怠らないこと。

受け取った文書は、封書の場合は開封して便箋の右上か左上に「受信日」を記入し、特別な封筒でない限り、封筒は捨てます。封筒に書かれた住所が必要なときには、切り取って便箋や名刺に貼ります。

次にざっと目を通し、重要な箇所にマーキングしておきます。ここで「あまり必要ない」と思ったら捨て、返信しなければならない場合は早めに返信します。

たまった郵便物は、いったん全部出して整理する

では、デスクの引き出しなどにたまっているハガキや手紙はどうすればいいでしょうか。まず、一時保存用のクリアホルダーや袋を用意します。その上で、たまっている郵便物をすべてデスクの上に出します。

そしていよいよ整理開始。

まず、過去のイベント案内などの「用済みの通知類」を捨てます。「移転通知・挨拶状」などは、住所・連絡先に変更がある場合は住所録を修正するか、その部分を切り取って、名刺と一緒に保管します。

「使わない」とわかっていながらも、なかなか捨てられないのが、「年賀状や暑中見舞い」です。しかしこれらこそ「毎年増え続けるもの」。たとえば3年間などと保管期間を定め、該当するものだけ一時保存用ファイルに入れます。大切な郵便物、「この年賀状いいなあ」というようなものは、別に「永久保存ファイル」をつくります。

これから届く郵便物の整理方法を決めよう

郵便物はビジネスマンである限り届き続けます。今のうちに「処理のルール」を決めておきましょう。

イベントの案内などは、参加したいものはすぐに予定表に組み込みます。出欠の返事が必要なら、すぐに出し、イベントが終わったらすぐに処分します。

移転通知や挨拶状、年賀状や暑中見舞いは、住所・連絡先の更新が必要なものは更新し、後は捨てるか一時保存ファイルへ入れます。一時保存ファイルは1カ月に1度は見直して、不要なものは処分します。その際に判断しやすいように、保存する郵便物には必ず受取日をメモしておきます。

手紙やハガキ類の整理

❶ 受け取ったらすぐに「受信日」を書き込む

封書の場合は開封して便箋の右上か左上に受信日を記入し、基本的に封筒は捨てる

❷ 読んでキーワードにマーキングする

必要な箇所にマーカーなどで印をつけ、重要事項は手帳などにメモしておく

❸ 返信が必要な場合は、できるだけ早く返信する

返信は手書きの場合はハードコピーを取っておく。パソコンで書いた場合は、たとえば「手紙」というフォルダをつくって整理する

各種郵便物は、このように整理する

挨拶状、礼状、移転通知	挨拶状でも、大切なものなら日付を書いてファイルする。住所や連絡先に変更があれば住所録を修正する。変更部分を切り取って名刺入れに入れてもよい
年賀状、暑中見舞いなど	住所や連絡先に変更があれば住所録を修正する。心に残るものや保存しておきたいものがあれば、特別にファイルをつくって保存するが、基本的には3年をメドに捨てる
セミナー、会合などの出欠案内	できるだけ早く出欠の返事を出し、場所や日程などを手帳にメモしたら捨てる
新商品案内、DM	不要なものはその場で捨て、必要なものはファイルする

Point

基本的には「捨てる」がベースだが、思い出に残る手紙や情報源になる郵便物は整理してファイルする

3

「本の山」に囲まれていては仕事はできない

本や雑誌は必要な部分や目次だけ切り取って保存する

本や雑誌の「発掘作業」をなくそう

ビジネスパーソンにとって「本や雑誌を読むこと」は、知識と仕事力を高める大きな自己投資です。しかし、本もたまっていく「モノ」のひとつ。整理を意識しなければ、デスク回りや部屋が本や雑誌でいっぱいになり、効率的な仕事ができません。

本や雑誌の整理のポイントは「立てること」。デスクの上でも本棚でも、本や雑誌は必ず立てて保管することが大前提です。

積み重ねて置くことが、本や雑誌（書類もそうです）にとって一番効率が悪い保管方法です。積み重なった「山」をつくってしまっては、下になったものはすぐに見えず、どの本がどこにあるのかがわからなくなります。

積み重ねての保存は、整理の天敵。まずはブックエンドなどを使って、本を立てる作業を始めましょう。それだけで、探しものは少なくなるはずです。

「取っておくこと」に意味はない

デジタル化が一気に進み、今後、本や雑誌も電子化が加速されるでしょう。持っている本や雑誌をスキャンして、デジタルデータとして保存する人も増えました。

それでも、どうしても本や雑誌が捨てられないのは「後で必要になるかもしれないから」という気持ちがあるからです。しかし、必要になる可能性を考えていたら、キリがありません。

本や雑誌を処分しても、あなたの知識や情報がすべてなくなるわけではありません。「本の中身はすでに自分の栄養となっている。読まないまま、読み返さないままの本は、はじめから栄養にはならない本だ」と考え、積極的に処分しましょう。

本は「知識を得ること」が目的であり、「読み返さないものを取っておくこと」が目的ではないのです。もちろん、何度も読み返したいものや、強い思い出が残っている本は、むしろ大切に持っておきたいものです。だからこそスペース確保のために、読まないものの処分が必要なのです。

「必要な部分」だけを保存しておく方法

どうしても本を捨てることに「不安」を感じるのならば、重要だと思った箇所をコピーして、手元に残しておくことも可能です。表紙と目次もコピーしておけば、ダイジェスト版ともなります。これをファイルボックスなどで保管し、本そのものは、本棚がいっぱいになったら処分しましょう。

雑誌も、必要な部分だけをコピーするか切り取るかして、ファイルしておきます。また、目次だけを切り取っておくのもいいでしょう。後でその記事が必要になったら、出版社のホームページや図書館でバックナンバーを検索すればよいのです。

本も雑誌も、丸ごと1冊取っておいても、読み直したい部分がどこにあるのかがわからなければ意味がありません。必要な部分だけを取っておくほうが効率的なのです。

本や雑誌は、必要な部分だけあればいい！

あれも大事！
これも欲しい！
本や雑誌を
捨てないで
いると…
デスクの上や
回りが、本の山で
いっぱいになる！

必要な部分を切り取ってファイルしたら、残りは捨てる

月刊○○
週刊××
週刊△△

読みたい記事をチェックして、面白かったり
役立ちそうなら付箋をつける

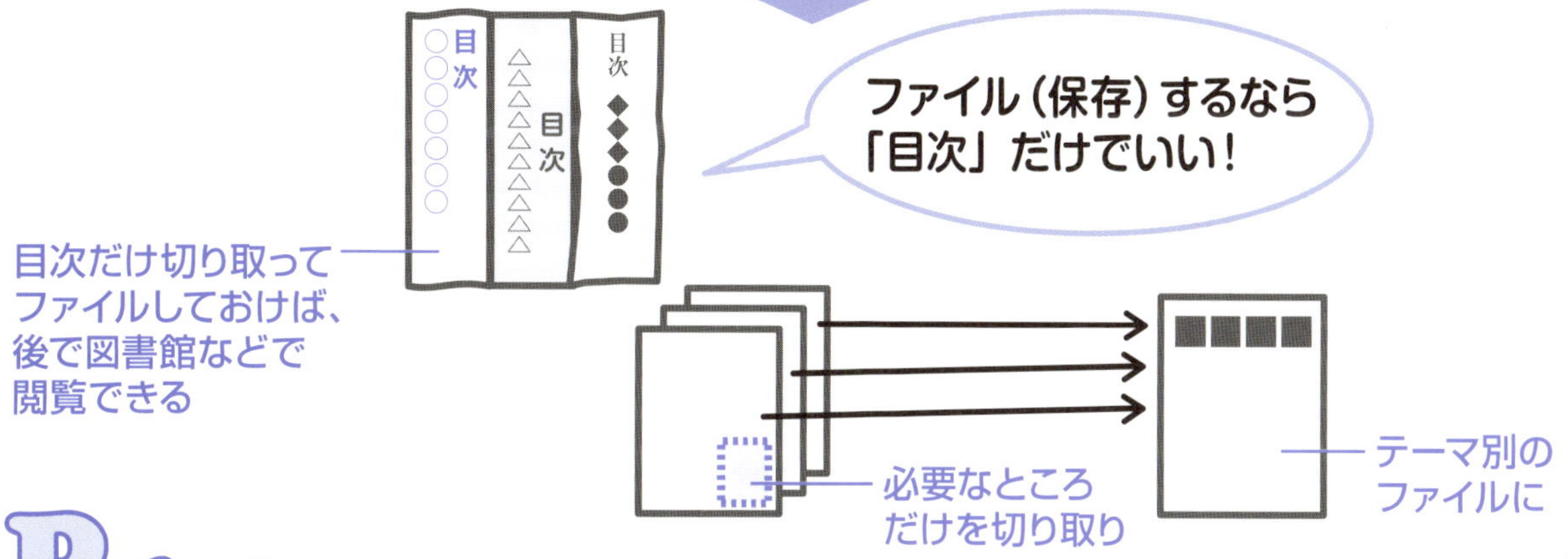
目次
目次
目次
ファイル（保存）するなら
「目次」だけでいい！
目次だけ切り取って
ファイルしておけば、
後で図書館などで
閲覧できる
必要なところ
だけを切り取り
テーマ別の
ファイルに

Point

**気になるページを持ち歩き、電車や喫茶店で
読むだけでも「気づき」がある**

4

あれもこれも詰め込むことが使いにくさの原因

「あると便利」程度のものは、鞄から排除する

鞄の中に不要なものが入っていませんか?

鞄はビジネスパーソンにとっては「携帯するオフィス」のようなものです。デスク回り同様、必要なモノをすぐに使えること、不要なものがないことこそが、ビジネスの効率化につながります。

あなたのビジネス用の鞄には、どんなものが入っていますか? あれこれといろんなものが入っているのではないでしょうか。鞄の中にモノが多いと、必要なものをすぐに見つけ出すことができません。肝心なものを入れ忘れる原因にもなります。

鞄の中は定期的にチェックして、不要なものをなくしましょう。取っておく必要のないレシート、使わなくなった各種資料、捨てようと思っている名刺、ボロボロになったポケットティッシュなど……そういったものがたまっていたら、要注意です。

資料類でも、「長く使っていないものは捨てる」——これが基本です。

「なければ困るもの」だけを入れる

鞄に入れるものは、「なければ困るもの」だけにしましょう。「いつか使うであろう資料」「読み終えた雑誌」などは、鞄に入れて持ち歩く必要はありません。まず、いったんすべてのモノを鞄から出し、なければ困るというものだけをピックアップしましょう。

このときのポイントは「あると便利かもしれないレベルのものは排除する」ということです。「あると便利」には、キリがありません。これが、鞄の中がモノであふれてしまう原因にもなるのです。試しに、「あると便利」レベルのものを鞄に入れず、1週間過ごしてみてください。それで困るようなら、改善すればいいのです。

几帳面に準備万端整えようと、あれもこれもと鞄に入れる行為は、「携帯するオフィス」を使いづらいものにし、かえって仕事の効率を落とすことになります。「入れ過ぎ」には要注意です。

「ここには、これだけ」で中を整理する

「機能的」と謳《うた》われた鞄は、多くのスペースに分けられて、一見、使い勝手がよさそうですが、逆に使いづらくなっている場合もあります。

その原因は、入れるモノの定位置を決めていないからです。「筆記具はここ」「メモ帳はここ」「書類はここ」といったように「ここには、これしか入れない」というルールを必ずつくっておきましょう。使用頻度の高いモノを一番取り出しやすいところに入れるのは大前提です。

こうすることによって、鞄の中でモノが迷子になってしまうのを防ぐことができます。また、書類や小物は中身の見える透明のクリアホルダーや袋に入れておくことも、紛失防止には効果的でしょう。

デスク回り同様、鞄の中も「機能的に仕事をするための配置」を考えることが、ビジネスパーソンの常識です。

鞄の中を使いやすくするポイント

鞄には何でも詰め込んでしまう……

❶余計なものを入れない
❷一定の基準で鞄の中身をチェックする
❸自分なりの基準をつくって鞄の中を分類する

「入れるものチェックリスト」をつくる

◆仕事をする上で常に携帯していなければならないものは何か？
◆仕事をする上でときどき携帯しておいたほうが便利なものは何か？
◆仕事には必要ないが、プライベートで持っておきたいものは何か？
◆いつも持っているが、あまり使わないものは何か？

透明のクリアホルダーが便利！

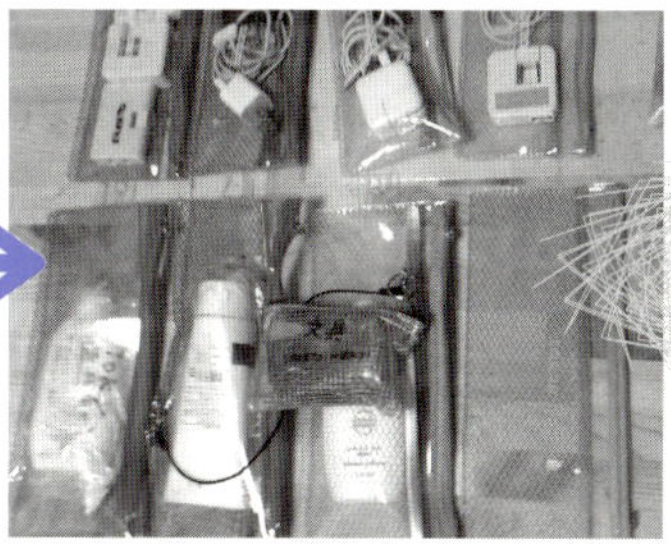

モノの紛失を防止できる

さまざまなサイズのものがある

Point

入れる場所は常に固定させる。
同じものがいつも同じ場所にあるように！

5

「紙モノ」は整理のいちばん難敵

書類の整理には、役立つグッズが欠かせない

一番頭を悩ませる整理が、書類の整理です

書類や資料といった「紙モノ」は、整理の習慣がない人にとっては一番頭を悩ませる〝難敵〟ではないでしょうか。

書類・資料は、日々の仕事の中で常に増え続けます。毎日数枚ずつ増えていったとして、年間ではかなりの量になります。日々の量は少ないので、気がつかないうちに増えていってしまいます。

しかも、そこに記されているのは、仕事に直結するであろう、さまざまな情報です。これを簡単に捨てるわけにもいきません。ビジネスパーソンにとって、書類・資料をどう扱うかは、まさに死活問題なのです。

では、書類・資料はどのように扱われるのが理想かといえば、「必要なときに、必要なものをすぐに取り出せるようにすること」と「不要なものをため込まないこと」です。このためには、明確に整理のやり方を決めて、日々それを守ることが大事です。

まずは大まかな分類の手順を見てみよう

必要なときに必要な書類・資料をすぐに取り出すことができ、紛失も防ぐようにするには、最初に書類を分類します。

ただし、最初からいきなり細かい分類に取り組む必要はありません。まずは大まかな分類を。「テーマ別」（プロジェクト別）に分けるのが一般的ですが、「緊急」「ペンディング」「保管用」など、大まかな分け方でもいいでしょう。

①ボックスファイルを3〜6個用意し、タイトル（分類名）を書き込む。分類に迷った書類用に「その他」のタイトルのものもひとつ用意する。

②これを、デスク上に余裕があればデスク上に縦に、あるいは引き出し下段などの高さのあるスペースに並べる。

③クリアホルダーに入れた書類・資料を分類しながら、厚めのファイルケースなどに入れる。クリアホルダーに入らない書籍などの資料などがある場合は、箱形の透明のファイルケースが便利です。

④これを①のボックスファイルに分類する。放り込んだ書類・資料は、定期的に（最低でも月1回）チェックする。

ボックスファイル、クリアホルダーなどを活用しよう

これで、ゴチャゴチャになった資料や、デスクの上の書類の山は、とりあえず解消されるはずです。

このように大まかな分類をする際には、ボックスファイルやクリアホルダー、クリアケースなどの「道具」を揃えることが必須です。このようなものに入れないとバラバラになります。書類・資料は「立てて」保管しなければ、結局はまた積み重ねてしまい、山をつくるだけです。

また④の「チェック」も忘れずに。ボックスファイルの中身を見直し、不要なものは捨てなければ、書類・資料は増え続けるだけです。

書類をざっくりとまとめよう

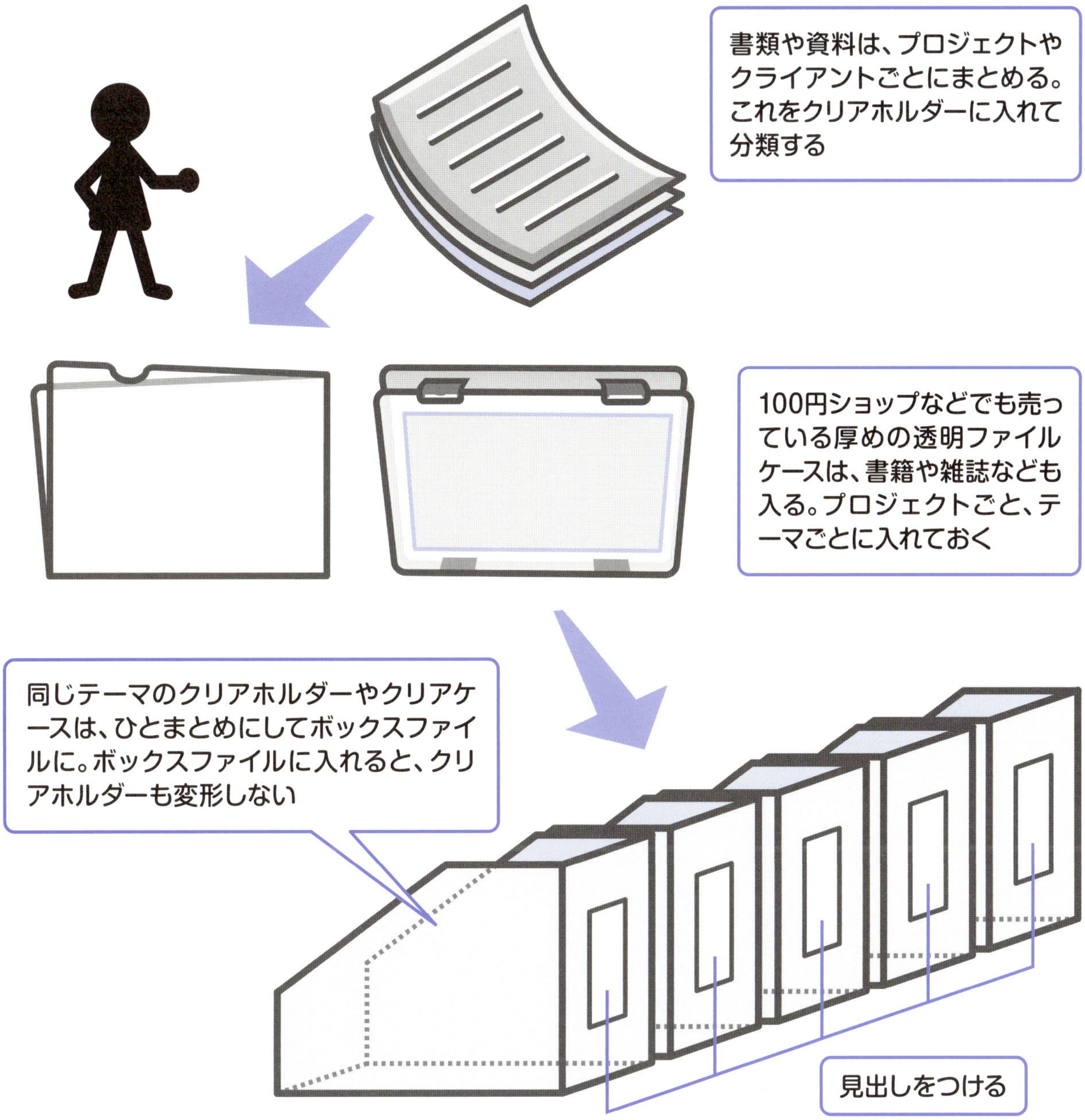
書類や資料は、プロジェクトやクライアントごとにまとめる。これをクリアホルダーに入れて分類する
100円ショップなどでも売っている厚めの透明ファイルケースは、書籍や雑誌なども入る。プロジェクトごと、テーマごとに入れておく
同じテーマのクリアホルダーやクリアケースは、ひとまとめにしてボックスファイルに。ボックスファイルに入れると、クリアホルダーも変形しない
見出しをつける

Point

ボックスファイルは机の上に並べるか（5個ぐらいまで）、引き出しの下段、あるいはキャビネットに入れるとよい

6

ファイルを並べる時の幅は90センチ以内！

ファイルにタイトルを書くだけで、探しやすさが一変する

ファイルのタイトルは必ず書くこと

必要な書類・資料をより取り出しやすくするためには、どこに何があるのかを一目瞭然にしておくことが大事です。せっかくファイリングできれいに分類したとしても、そこに何が入っているか……がわからなければ、ただ単に「整頓」されただけです。

当然のことですが、書類・資料をファイリングするということは、ファイルによって「中身が見えなくなる」ということです。ですから、ファイリングをしたら、必ず見える位置にタイトルを記入しましょう。

ファイルを揃えた際の読みやすさにも気を配り、タイトルの位置も「ファイルの上から○センチ」と統一させるとベストです。また、テーマごとにラベルの色分けをしてもいいでしょう。「何が入っているかわからないもの」をつくらないことが、探しやすさにつながるのです。

ファイルにタイトルを書くことは、大変な作業ではありません。この簡単なひと手間を惜しむと「謎のファイル」が増えてしまいます。

使用頻度で置き場所を決める

ファイルは、サイズを統一させたほうが収納しやすくなり、また見た目もきれいになります。「どこに置くか」に関しては、ファイルの使用頻度や作業〝動線〟を考えて、収納場所を決定しましょう。

・使用頻度の高いもの（いつも使うもの、進行中のもの）は、デスクの上に並べる。
・デスクに並べきれないもの、使用頻度があまり高くないものは、デスク下段の引き出しに（もちろん背を上にして）収納する。
・保管しておくもの、すぐには使わないものは、本棚に並べて立てる。

こういったルールを設けて、どこに何を置くか、を明確にしておきましょう。

並べ方は「見やすさ」を重視する

ファイルを並べる際には、「幅」にも気をつけましょう。背表紙に書かれたタイトルを一覧できる数には、限界があります。幅90センチ、ファイルの冊数にして約30冊程度が、ひと目ですべてのファイルを見渡せる限界です。これ以上の幅でファイルを並べても、一覧できないばかりか、使っていないファイルが多くなります。

ここでも常にファイルの中身を見直し、書類の処分を心がけましょう。ファイルはきれいに並んでいるが、中には不要なものが入っている――というケースはよくあります。ファイルを無駄に増やさないことを心がけましょう。

並べられたファイル群を常に眺めていると、その見た目があなたの仕事の意識を高め、やる気を出させてくれます。ビジュアル的にスッキリ分類・整理されたファイルが並んでいる仕事環境は、あなたのモチベーションに直結しているのです。

ファイルのタイトルのつけ方

ファイルをしたら、必ず見える場所に
タイトルを記入する。この手間を惜しんでいると、
中に何が入っているかわからないファイルが増える

使用頻度の高いもの

デスクに並べきれないもの

保管しておくもの

などに大分類する

使用頻度の高いものはデスクの上に立てて並べる！

ファイルの並べ方のポイントは？

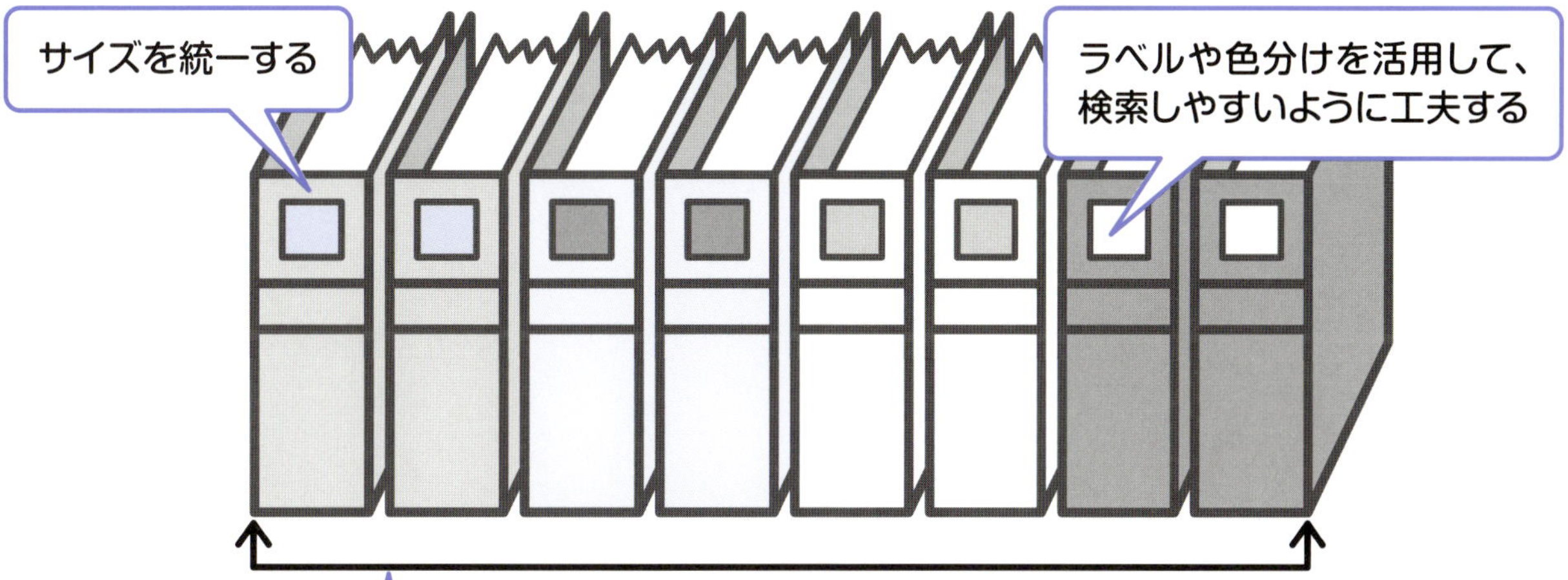
サイズを統一する
ラベルや色分けを活用して、
検索しやすいように工夫する

並べる幅は90センチぐらいに収めること。人間が一覧できるのは、このぐらいの幅だから、それ以上広いと、目の届かないファイルができる

Point

見出しなどを工夫して、すぐに探せるように！ ファイルの中身は定期的にチェックし、古くなって保存の意味がないものは捨てる

7

分類に正解はない

分類を細かくしすぎないことが整理のコツ

細かすぎる分類は本末転倒になる

よりスピーディーに必要な書類・資料を取り出すためには、分類にこだわる必要があります。「テーマ別」にボックスファイルで分類したとしても、紙は日々増え続けるもの。ひとつのボックスに入りきらないほど書類・資料がたまってしまったら、必要な資料は簡単には取り出せなくなってしまいます。

　そうなったときには、改めて同テーマ内でさらに細かい分類をする必要があります。

　ただし、あまり細かすぎる分類は要注意です。必要な書類・資料が「どこに行ったか」がわからなくなってしまう……つまり細分化された分類の中で、書類が迷子になってしまうのです。

　こうなっては本末転倒です。

　分類はあくまでも「すぐに探し出せるように」ということを基準にしなければなりません。

「別の視点」での分類を考える

また、細かすぎる分類は、いたずらにファイルの数を増やすことにもなります。不要なものがあったとしても、それを発見し、処分するまでには、いちいち数多いファイルを確認していかなければならず、また無駄な時間がかかってしまうでしょう。

　分類が細かくなり、ファイルも多くなってしまいそうなときには、「別の視点」で大きなくくりを使ってみましょう。

　たとえば「時間軸」を使った分類では、「すぐに使うもの」「よく使うもの」「将来使うもの」をボックスファイルのタイトル（大分類）とします。

　進行中の企画資料や日々使用する営業資料は「すぐ使うもの」、顧客データや売上データ、社内文書などは「よく使うもの」といった分け方です。

　もちろん中に入れる資料は小分類として分けられていますが、わざわざボックスファイルを設けるのではなく、クリアホルダーやクリアケースを使えばいいのです。

「これが絶対！」という分類はない

そもそも分類には、「必ずこうでなければならない」というものはありません。

　多くのお客様を抱える営業マンと、決まったクライアントとがっちり組んで仕事をするクリエイターとでは、顧客リストの数も違いますし、使用頻度の高い資料も異なります。人によって、職種によって、さまざまな分類方法が考えられるでしょう。

　自分なりに決めた分類のルールは、守らなければ整理になりません。分類に「これが必ず正しい」というものはありませんから、「探し出しやすさ」「ため込まないこと」を条件として、見直しと改善に取り組みましょう。

　ただし、ルールなき「何となく」の分類は、混乱のもとです。「自分はこういう分類の仕方をしている」と、人に説明できるくらいのスタイルは持つべきでしょう。

細かすぎる分類は、整理をできなくする

ダメな分類

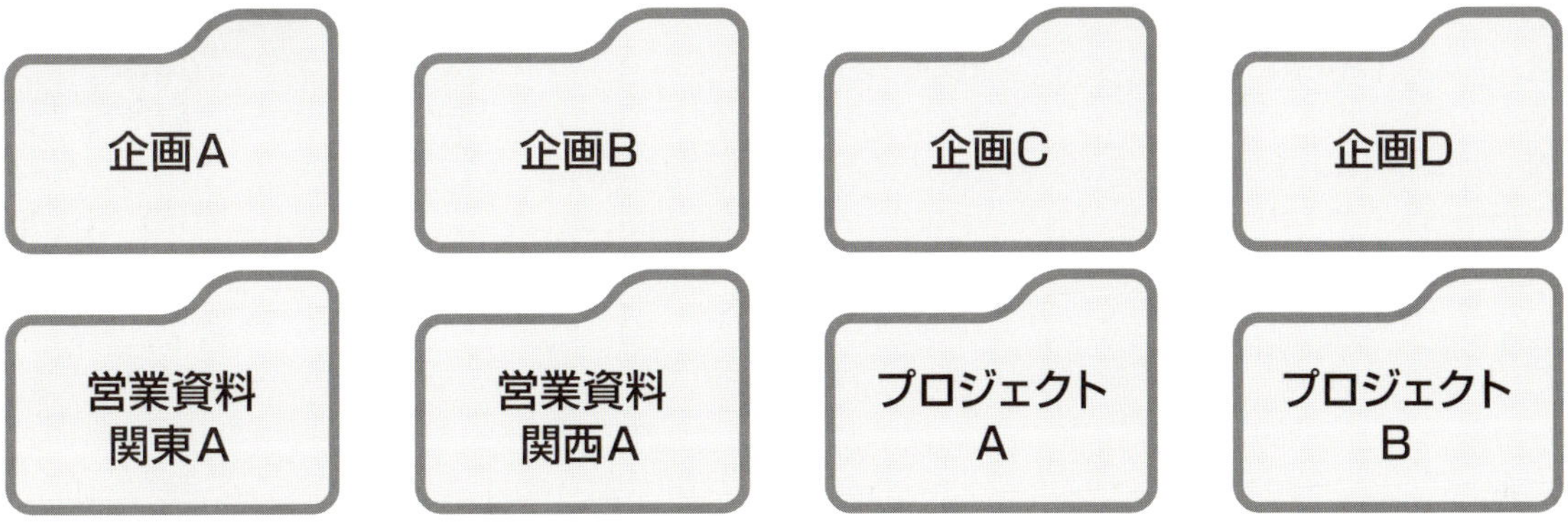
企画A
企画B
企画C
企画D
営業資料
関東A
営業資料
関西A
プロジェクト
A
プロジェクト
B

分類が細かすぎると、データや書類がどこに行ったかわからなくなる

わかりやすい分類

すぐ使うもの

進行中の案件に関するもの
営業相手に提示する資料
etc.

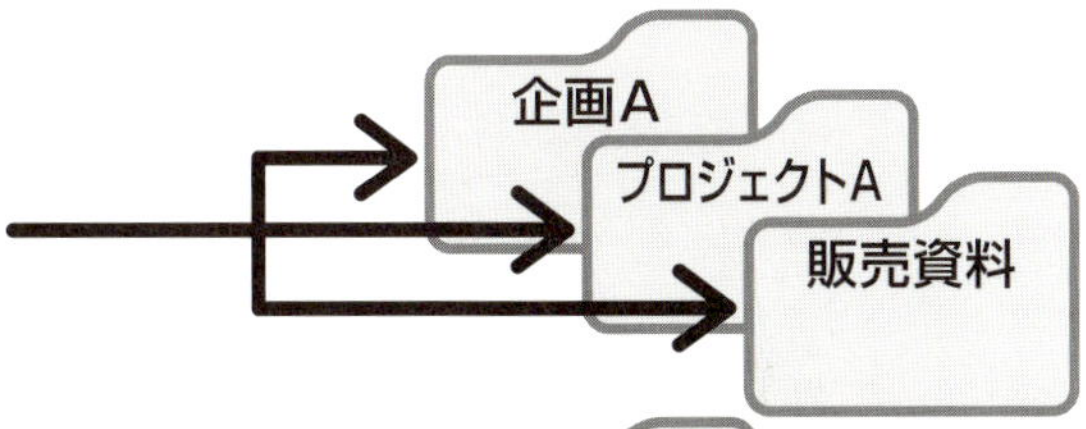
企画A
プロジェクトA
販売資料

よく使うもの

顧客データや売上データ
社内の文書、書類
etc.

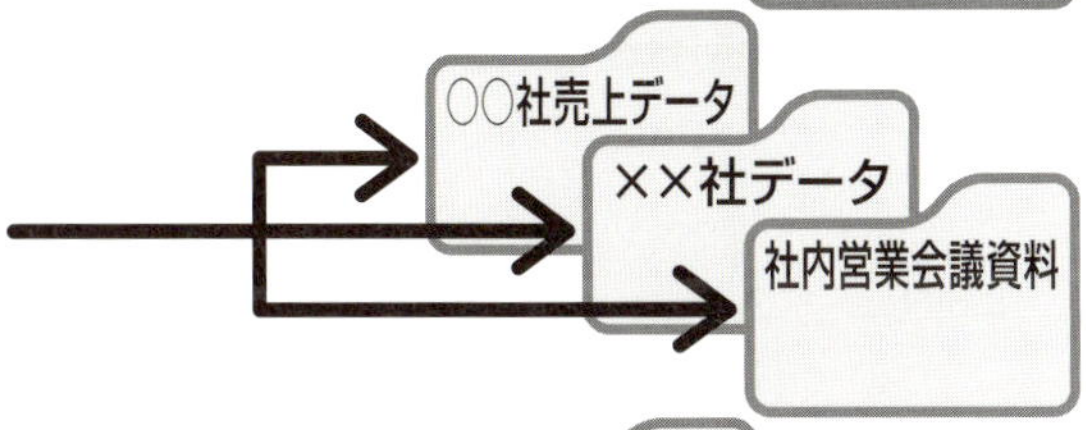
○○社売上データ
××社データ
社内営業会議資料

将来使うもの

業界動向に関する情報
競合する企業の情報
etc.

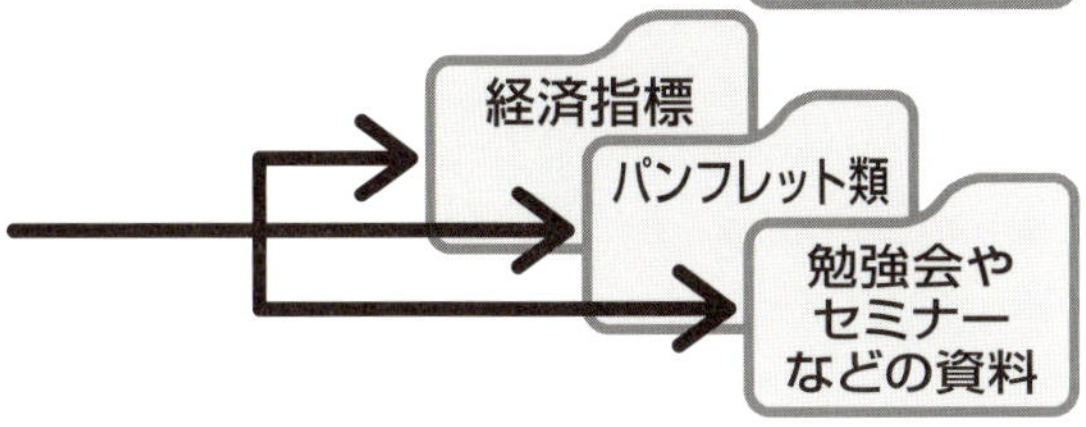
経済指標
パンフレット類
勉強会や
セミナー
などの資料

Point

「何となく」の分類は混乱のもと。「自分はこういう分類をしている」と言えるスタイルをつくろう

8

クリアホルダーとボックスファイルは最強の組み合わせ

書類は必ずクリアホルダーに入れる習慣をつける

クリアホルダーは書類整理の定番です！

書類をまとめる際、一番使い勝手がいいものは、これまで何度も触れてきた「クリアホルダー」でしょう。項目ごとにクリアホルダーを使い、書類を中に入れておくだけ。そしてファイルボックスの中に立てて保管すれば、デスクの上が書類でゴチャゴチャになることはありません。

逆に言えば、「書類」と名のつくものは、必ずクリアホルダーに入れることを習慣づけるのです。たとえば、ある案件の種類が1枚しかなかった場合でも、その1枚の書類のために、クリアホルダーを使用し、そのまま保管するようにします。ホチキス留めされた書類も同様です。

「1枚や2枚のためにクリアホルダーを使うのは無駄ではないか」

と思われるかもしれません。しかし、実は最もなくなりやすく、探しづらいのが、「1枚の資料」なのです。

つまり、書類を保管する際の「最小単位」は、クリアホルダーへの保管、ということです。書類保管の基本は、「積み重ねず、立てておく」ということです。“裸のまま”では、書類整理の最悪の状態である“積み重ねておく”保管になります。

このときのポイントは、ボックスファイルを併用するということ。ボックスファイルにクリアホルダーを立てておくだけでデスクの上は、驚くほどきれいになります。

さらに使い勝手が広がる工夫をしよう

また、クリアホルダーは薄く、持ち運びにも便利です。打ち合わせや会議の際に、必要書類をもれなく持っていける。鞄の中にも楽に入れられるので、外出にも最適です（ただし、外出先から戻ったら、必ず鞄から出して、元の位置に戻しましょう）。

クリアホルダーはプラスチックの“袋”とも言えますし、入れやすく取り出しやすいので、書類に限らず、何でも入れてしまえます。引き出しの中に乱雑に収められている領収書を、本格的整理の前に一時入れておくこともできます。案件別に分ける際には、書類だけでなくCDなどの記録媒体も一緒に入れておけます。

また「ポーチ」代わりとして、ちょっとした手回り品を入れておくこともできます。出張の際、乗り物のチケットやメモ、地図などを入れておくと、取り出しやすく便利です（このときは基本のA4サイズでなく、小さ目のA5サイズのものも重宝《ちょうほう》します）。

色つきのものではなく透明のものが整理には便利！

クリアホルダーには、さまざまな色のものがあります。そこで、「この類の書類は赤に、この類の書類は青に」と、色分けでの分類を考えがちですが、色分けはかえって煩雑な作業となります。それよりも、中に何が入っているかが一目瞭然、というほうがずっと効率的。クリアホルダーは透明のものを使うことをおすすめします。決まった位置にラベルを貼って、内容を書いておけば探すときにも迷いません。

クリアホルダーを使い切ろう

クリアホルダーの利点

- 手軽に入れられる
- 立てておける
- 持ち運びに便利
- 書類以外にも何でも入る
- 小型（A5サイズ）のものを使えばポーチ代わりになる
- 鞄の中にも収まりやすい

etc.

活用のポイント

- ボックスファイルと併用する
- 使った後は所定の位置に戻す
- 透明のものを使う（色つきのものは、かえって分類がむずかしい）

クリアホルダーは「プラスチックの袋」であり、
書類に限らず、領収書なども入る。上手に使いこなそう

Point

色つきのファイルは中が見えにくい。まず透明クリアホルダーに入れて分類し、それをボックスファイルなどに大分類していく

9

100円ショップやホームセンターにも優れたモノが眠っている

便利グッズの活用で整理が10倍うまくいく

整理にはさまざまなグッズが必要

いろいろなモノの整理には、収納を効率的にさせる「道具」が欠かせません。

●クリアホルダー

前述した整理の定番の便利グッズ。書類や資料を分類する際に使うほか、バラバラになっている領収書類やメモなどを「一時的に」入れておく役割も果たします。

鞄の中でも書類入れとして重宝する「万能整理グッズ」です。ただし保管の際に単独で立てるには薄いので、ボックスファイルやブックエンドとともに使うことが望ましいでしょう。

●各種ファイル（表紙つき）

書類の量が多くなったら、クリアホルダーではなく、表紙と背のついた通常のファイルを使います。穴をあけるタイプのもの（2穴ファイルなど）は書類がバラバラにならずにきれいに保管することができますが、書類の順番を入れ替えるのに手間がかかります。しかし時系列で保存したいもの（毎週の売上データなど）には最適です。

表紙つきのファイルは他にも穴をあけずにはさむものなど、さまざまな種類がありますので、仕事のスタイルや用途に合わせて使い分けましょう。ただし、なるべくサイズは統一させること。標準的なA4サイズがいいでしょう。

●ボックスファイル

さまざまな「小分類」の書類を入れておく「大分類」の入れ物として、あるいはデスク下段の引き出しなどの高さのあるスペースでの間仕切りとしても使用できます。

●ブックエンド

書類を保管する際の鉄則は「立てて置くこと」。デスクの上などに書類を置く際には、ブックエンドが欠かせません。

●見出しラベル

クリアホルダーなどには、普通はタイトルを書き込む欄がありません。こういうものには、見出しラベルを貼ります。貼る位置は、統一しておくとタイトルが見やすく、すぐ発見できます。

その他の、あると便利なグッズたち

他にも、仕事の内容に合わせて、いろいろとグッズを工夫しましょう。

●メモ用付箋

大き目サイズの付箋は、メモ用紙として活躍します。メモは取っておいて読み返すこともできますから、台紙に貼って保存しましょう。

●卓上ミニゴミ箱

これは、名刺の空き箱や綿棒の空きケースで充分でしょう。デスクの上の消しゴムのカスやホチキスの使用済み針など、作業中に出る細かいゴミをさっと入れておき、終業時に普通の大きいゴミ箱に中身を捨てます。

整理に役立つ便利グッズ

クリアホルダー

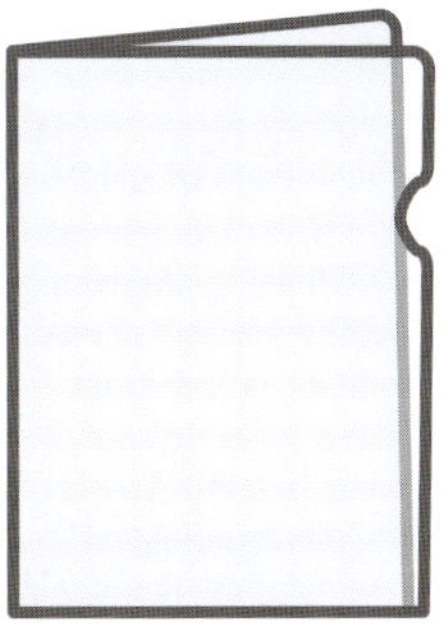

書類や資料を一時的に入れておく。保管するときは、薄いのでボックスファイルと併用するのがベター

表紙つきの各種ファイル

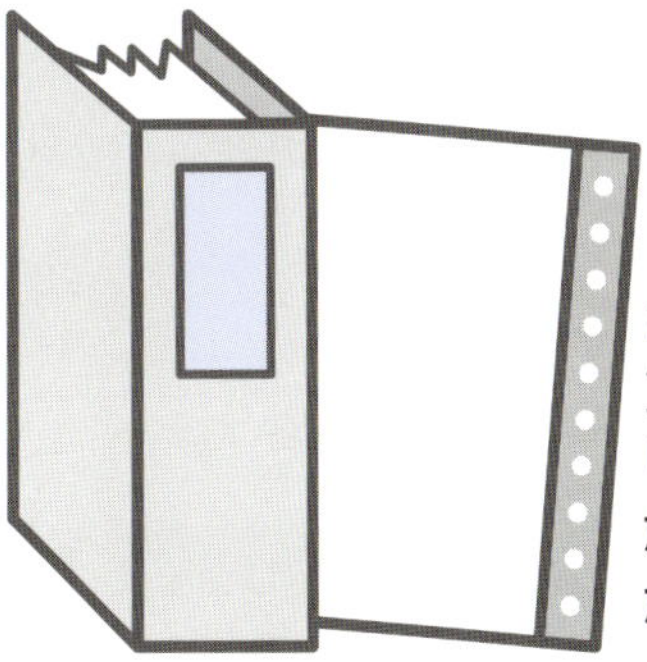

2穴ファイル、バインダーファイル、クリアファイルブックなど。サイズはA4などに統一する

ボックスファイル

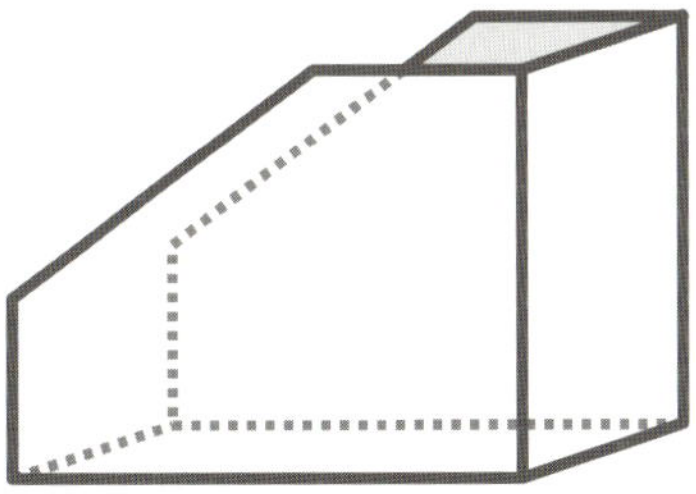

クリアホルダーなどで小分けされた資料などを入れる、大分類のファイルボックス。A4ならデスク下段の引き出しにちょうど入る。机の上に立てすぎると、作業スペースが狭くなる

ブックエンド

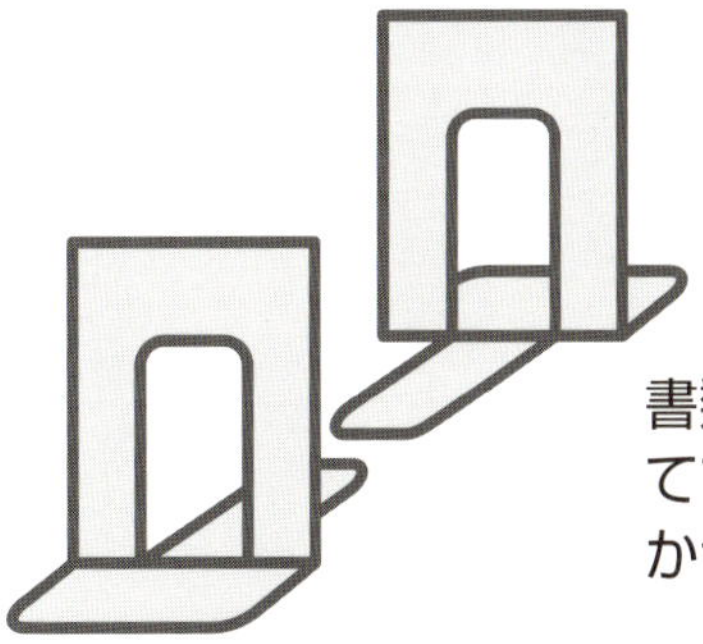

書類や雑誌などを立てて置くときには欠かせない

見出しラベル

クリアホルダーなどに貼って、タイトルを書き込む

メモ用付箋

机の上には必ずメモ用紙を置こう。また、メモ帳は常に持ち歩く

Point

その他、卓上ミニゴミ箱、ペン立て、引き出しトレイなど、いろいろ。100円ショップやホームセンターには「使える」グッズが揃っている

COLUMN

100円ショップは、整理の味方!

ちょっとした工夫で、オリジナルの整理グッズに大変身するモノもある

あなたの住んでいる街や、職場のある街にも、きっと「１００円ショップ」があるでしょう。日用品、文具やお菓子などが豊富で安い……「毎日利用している」という人もいるのでは?

この１００円ショップ、まさに「整理用品」の宝庫なのです。

クリップや、ちょっとしたファイル類、大小の封筒類、付箋、さらにはブックエンドや小物ケースまで……整理に必要なグッズのほとんどは、１００円ショップで入手することができます。

１００円ショップを有効活用するポイントは、**とにかく「いろんなコーナーを見て回る」**ということ。オフィス用品、文具のコーナーだけに〝使える〟整理用品があるとは限りません。たとえばちょっとしたデスクの引き出しの中で「仕切り」として活躍するトレイ。これは専用のものもあるでしょうが、**もし見つからなかったら、食器・台所用品のコーナーにあるタッパー類が利用できます。**

また、工具のコーナーには、パソコンをはじめとしたデスク回りの電化製品のケーブルをすっきりまとめるための結束バンド（車などの機械いじりでは必需品だそうです）などがあるでしょう。

さらに、「整理」とは言えませんが、デスク周辺の掃除に適したウエットタイプのシートなどの「清掃用具」も、何かと使えるモノです。

１００円ショップにはさまざまなコーナーに使える整理用品が潜んでいます。

デジタル全盛の今日ですが、**身の回りの整理は、とてもアナログな作業**です。最新鋭ＩＴ機器を使いこなすことよりも、ちょっとした道具を、あなたのちょっとした工夫でカスタマイズして使う、ということが、ある意味でよほど効率的でストレスのない仕事につながるのです。

PART 4

ミスなし！ロスなし！時間整理術

**スケジュールなどの
無駄をなくすことで
仕事がサクサク進む**

1

ビジネスでは無駄な時間が当たり前に発生する

「コマ切れ時間用」の仕事を常に用意しておく

すべての整理は「時間」の効率化のためにある

成功者、できる人と言われる人は、決まって「時間を大切にする人」です。無駄な時間をつくること、時間を奪われることを嫌います。サクサクと無駄なく仕事をこなしていくビジネスパーソンになるためには、自分自身の持つ「仕事時間」の整理をしなければなりません。

まず実践したいのは、時間の「節約」です。時間整理の手始めは、あなたの生活から「無駄な時間」を排除することなのです。

最もわかりやすい無駄な時間とは、何でしょうか。そう、「いちいち探す時間」です。必要なモノや情報を〝いちいち探さず〟すぐに使えるようにしておく……そうすることで、サッと仕事を片づけていくことにつながるのです。

とはいえ、どんなに整理をしっかり実践しても、日常の中では無駄な時間が生まれてしまうものです。

「急な雑務に追われてまとまった時間を取ることができない」
「約束がキャンセルになってしまった」
「予定よりも早く用事が終わり、時間が空いてしまった」

こんなことはビジネスで日常茶飯事。無駄な時間は、当たり前のようにいつでも生まれます。ならば逆に、生まれてしまう無駄な時間を〝有効活用〟する方法を考えたほうが、現実的と言えるでしょう。

中途半端な「コマ切れ時間」を活用する！

無駄な時間とは、予定と予定との間にポカッと生まれる「コマ切れの時間」です。また、無駄な時間とは言えませんが、通勤時間、移動時間、各種待ち時間なども、使い勝手の悪いコマ切れ時間ですね。

こういった時間に何かまとまった作業に取りかかっても、結局はやりかけで終わってしまうのです。

コマ切れ時間とは、じつに中途半端な時間なのです。しかしこの時間をぼーっと過ごすのは、もったいない。では、どうすれば上手に活用できるのでしょうか。

コマ切れ時間用の仕事を用意しておく

コツは、中途半端な時間でもできる仕事……つまり「コマ切れ時間用」の仕事を、常に用意しておくことです。それをメモに箇条書きにしておけば、すぐに取りかかれます。目につくところに貼っておいてもいいでしょう。

「10分～30分でできる仕事」、これがコマ切れ時間にぴったりの仕事です。

具体的にはコピー、メールチェック、領収書の整理などです。外出先では、持ち歩いている資料の見直し、スケジュールの見直しなど。モバイルツールやスマートフォンを使えば、さらにできる仕事が増えるでしょう。私は常にiPadやスマートフォンを使ってコマ切れ時間を活用しています。

コマ切れ時間はあくまでもイレギュラーで発生する中途半端な時間です。くれぐれも、まとまった仕事はしないように。

「コマ切れ時間」を活用して仕事をする

時間を無駄にする人 ／ **コマ切れ時間を活用する人**

思ったより
早く終わった
3時から打ち合わせで
10分しかないから
インターネットでも
しよう
今日も定時で仕事が
終わらない。なぜ？
次の打ち合わせまで
15分あるな～
今のうちに明日の会議の
資料を読んでおこう
お先に
失礼します

いつまでも仕事が終わらない！

無駄なく仕事をこなせる！

時間ができたときのため、常に「10～30分でできる仕事」を用意しておくといい

Point

コピー、メールチェック、領収書の整理など、単純な仕事がいいが、「メモタイム」にしてもいい

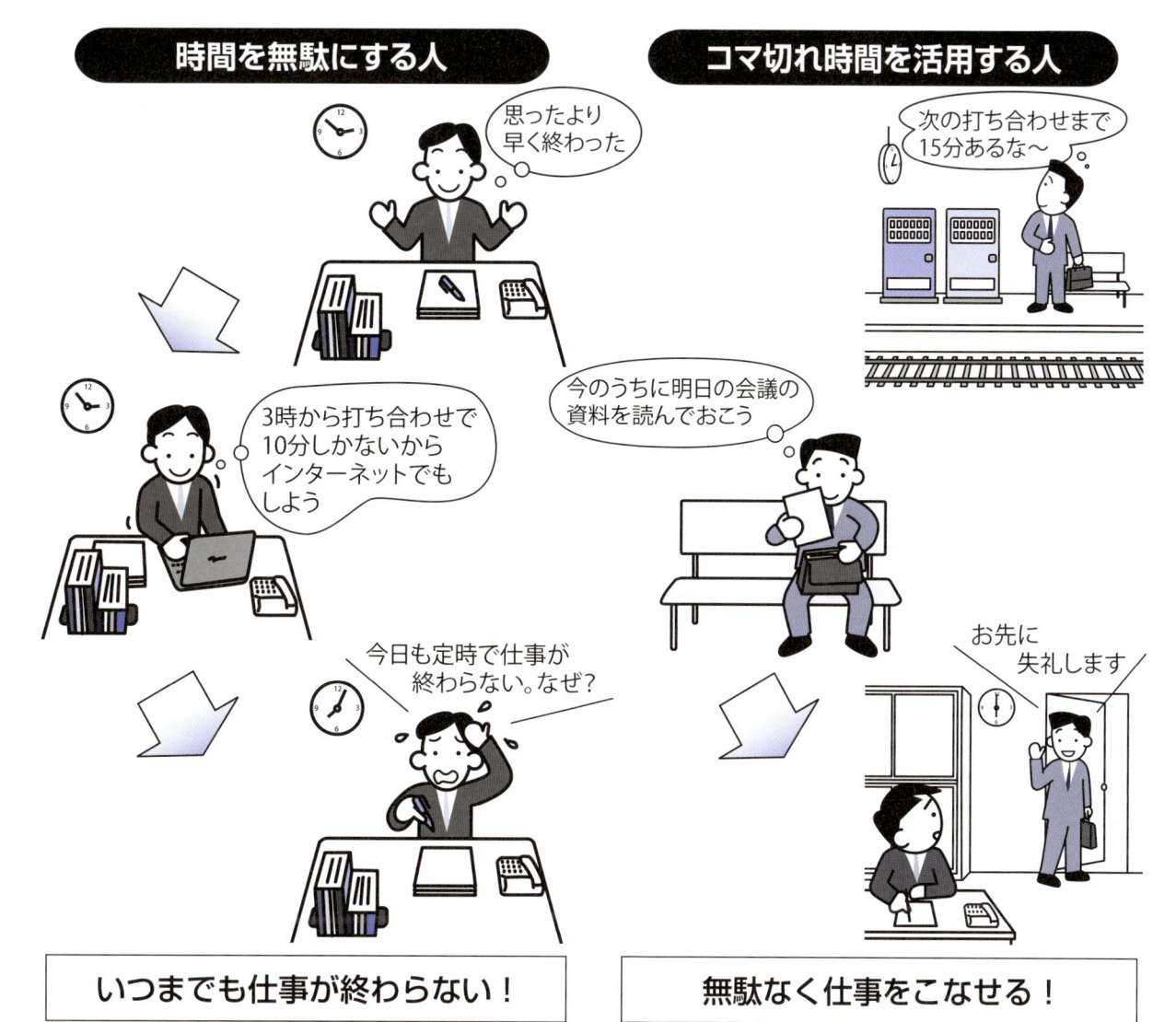

2

整理のための時間をわざわざ捻出しない

「整理のサイクル」をスケジュール化する技術

整理のサイクルづくりをどう行なうか

時間を有効に使うためには、さまざまなモノ、事柄を整理することが大事です。ならば、「整理の時間」をしっかり確保することも、忘れてはなりません。

一番いいのは、整理を「習慣」としてしまうこと。わざわざスケジュールのやりくりをして、整理のための時間を捻出するのではなく、日々の仕事のサイクルの中に整理の時間を組み込んで「整理サイクル」をつくってしまえばいいのです。

具体的には、毎日10分、週1回、月1回、年1回……というように整理の時間をスパンごとに決定し、カレンダーや手帳にあらかじめ書き込んでおきます。

ToDoリストや携帯電話のスケジュールにも整理の時間の予定を落とし込みます。

後はそのスケジュールに従って整理を繰り返すことで、整理は一定のサイクルを生み出し、やがて習慣となるわけです。

整理サイクルの中で、不要なものを削ぎ落とす

毎日の整理では、その日に使った資料の整理とスケジュールの確認がメインとなります。必要なときにすぐに取り出せるよう、分類を心がけます。不要なものはその都度、即捨てるようにしましょう。

週1回の整理は、1週間分の資料などの整理です。ここでも資料を見直して、不要と思われるものは捨てます。

月1回の整理でも、不要なものを処分することがメインとなります。1カ月以上使わなかった資料も出てくるはずですので、これは「ほぼ不要」と考え、一カ所にまとめておきます。

そして年1回の整理では、まとめておいた資料が使わなかったものであれば、一気に捨てます。また、デスクや引き出しの収納が効率的であったかを考え、これまでのやり方を見直す機会とします。

こうして各サイクルの中で、不要なものをどんどん削ぎ落としていくのです。

作業手順もサイクル化してしまう

整理の作業を大まかに分類すると、次の3つになります。

①使ったものを元の位置に戻す「片づけ作業」
②資料・書類などを分類する「ファイリング作業」
③不要なものを処分する「捨てる作業」

これらをまとめて一度にやろうとすると、かなりの時間がかかる場合があります。ですから、整理サイクルの中では、「今回は片づけ」「次回はファイリング」……といったように、テーマを決めて細分化させるのです。これを繰り返すことによって、最終的にすべての整理ができます。

作業を分類して整理サイクルに落とし込む――これが整理を習慣化させ、仕事を効率化させるためのコツです。

整理のサイクルをつくろう！

毎日10分　その日使った資料の整理をする。必要になったときにサッと取り出せるよう、ラベルをつけてファイリングする

毎週1回　曜日を決めて、1週間分の資料を分類・整理する。1週間の間に「保留、ペンディング」にしていた資料を見直す

毎月1回　「保留ボックス」の中を見直し、整理し直す。古くなったり不要になった資料は捨てる。引き出しの中もチェックする

年1回か2回　ファイリング方法や引き出し収納など、これまでのやり方を見直す

整理の時間をスケジュールに組み込む

ToDoリスト

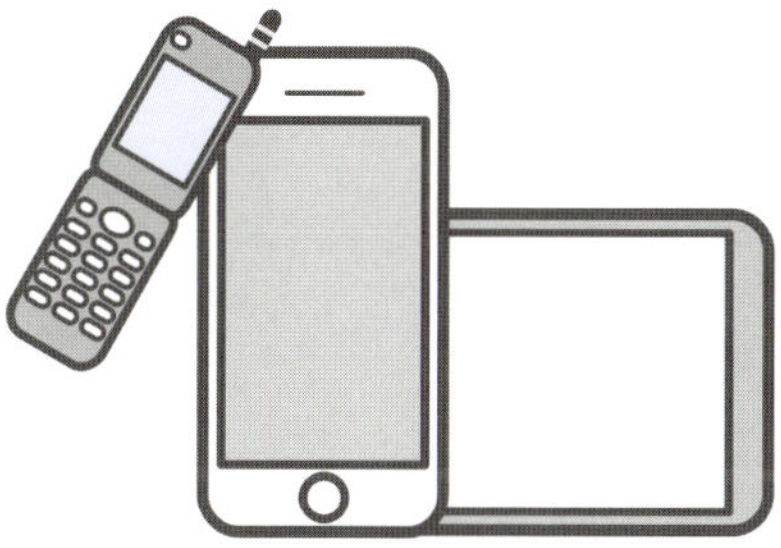

携帯、スマホ、タブレット

手帳

これらのスケジュールにも整理の時間を落とし込み、すべてを同期させておく。また、机の前に、ひと目でわかる大き目のカレンダーを貼ってもよい

Point

整理の作業は　①片づけ　②ファイリング　③捨てる作業――。これらをいっぺんにやらず、ひとつずつこなす

3

「仕事に追われない」ためには、どうするか?

スケジュールはゴールから逆算して考える

仕事に追われている人の本当の理由

いつも仕事に追われている人は、整理力がない人であることが多いものです。もちろんここでいう整理力とは、身の回りが片づいているといった「モノの整理」に限ったことではありません。

仕事とは、さまざまな作業の複合体です。モノの整理、情報の整理、スケジュールの整理など、さまざまな整理力がないと、ミスやロスが生まれてしまいます。

その結果、少しずつスケジュールは崩れてきます。目先のことだけに気をとられ、全体像が見失われます。行き当たりばったりで、降りかかる作業をこなしていくだけ……これが「仕事に追われている」「いつもバタバタしている」本当の理由なのです。

こんな状態から抜け出すには、仕事のスケジュールを整理することが必要です。

まずは仕事の全体を見渡して、その中での作業の優先順位を決めること。そして、それぞれの作業に必要な時間を想定して、スケジュールに落とし込みます。

仕事の優先順位は決まっているか?

優先順位決めのポイントは、「仕上がりのイメージができているか、ゴールが見えているか」ということです。

前述のように、仕事はさまざまな作業の複合体。ならば、それらの作業を進めていけば、どのような仕上がりが待っているのか? どこをゴールとすべきか? ということを考えるのです。

仕上がりのイメージができたら、まず仮のゴールを設定し、そこまでの道筋をシミュレーションしてみましょう。これにより、仕上がりに対して必要な作業、ゴールまでの時間感覚がリアルに見え、やるべきこと、準備に優先順位が生まれるのです。

これが「段取り」です。

スケジュールを立てるときのポイントは?

次に、優先順位をつけた作業を、スケジュールに落とし込みます。

このときのポイントは「ゴールから逆算したスケジュールにする」ということ。

したがって、この段階ではゴールが明確になっていることが必要です。

さらに締め切りに対して余裕を持って仕事をする＝締め切りを守るためのコツは、実際の期限よりも前倒しした「仮締め切り」を設けることです。

たとえば１００の仕事を10日で終わらせるにあたって「1日10やって10日かける」というペースではなく、「8日で終わらせる」ペースでスケジュールを立てます。

仕事に突発的なトラブルはつきもの。何があったとしても期限に間に合うように、1日～2日の余裕を設けておくのです。

また、スパンの長い仕事では、本来の締切日の前にいくつかの「ミニ締め切り」を設け、そこまでの計画を立てることも、時間に対する油断を生まないコツです。

作業と作業の間には、突発的なアクシデントに対応できるだけの「予備（余裕）」の時間を組み込んでおけばベストです。

ゴールから逆算してスケジュールを立てる

わかりました
二人で分担して
この仕事をやるように
はい
とりあえず始めてしまう人
仕上がりをイメージできている人
よし、とにかく
始めよう
まずは、ゴールから
逆算してスケジュールを立てよう
リハーサル
打ち合わせ
準備
途中で資料が足りない、
打ち合わせのスケジュールが
合わないなどが発生
余裕を持って、2日前に
締め切りを設定
朝までに
仕上げないと～
よくできてるね
できました

Point

作業の優先順位を決めて、それぞれの作業に必要な時間を想定してスケジュールに落とし込む

スケジュール変更のコツは、書き出すこと

仕事に「変更」はつきものだと心得ておこう

仕上がりをイメージして、ゴールを設定し、作業の優先順位を決めて作業をスケジュールに落とし込んだ……。さあ、これでバッチリ！　とはりきって仕事を進めていたものの……突然の予定変更が！

上司からの割り込み仕事や、お客様からの急な呼び出し、外部スタッフとのトラブルなどなど……。でも、そういったことは、仕事にはつきものです。とくにクレームを含むトラブル処理は、理屈抜きに、すみやかに対応する必要があります。

「スケジュールが狂ってしまったから、仕事のすべてがうまくいかない」では、済まないのです。

お決まりのスケジュールでしか仕事ができないという「融通の利かない」仕事のやり方では、効率的なビジネススタイルは生まれません。こんなときにこそ、あなたの仕事の整理力が問われるのです。

「仕事に『変更』はつきもの」と割り切って、具体的にスケジュールを整理し、変更に対応しましょう。

スケジュール変更への対応策は？

予定変更の事実がわかったら、すぐに次の４つの作業に取りかかりましょう。

①やるべき仕事をすべて書き出す

それぞれの仕事を終わらせるべき日時と、その仕事に必要とされる時間も書き出す。

②仕事の優先順位を決める

書き出したリストに、どの仕事から手をつけなければならないか、という優先順位と、いつまでに終わらせればよいか、という暫定のゴール（締め切り日）を記入する。

③具体的な作業実施の時間を書く

それぞれの仕事に「○日午後○○時」といったように、具体的に「いつやるのか？」という実施時間を設定し、メモする。

④対応策の検討

①から③を記入したリストを見ながら、それに「案」を記入していく。つまりここで、具体的に何から手をつけるか、手順はどうするかの「段取り」を組む。

それぞれの作業の所要時間には、必ず余裕を持たせましょう。1時間かかる作業ならプラス15分、2時間ならプラス30分と、20％の余裕が目安です。

「決断する力」がないと、変更に対応できない

予定変更への対応は、頭の中であれこれ考えても、うまくまとまりません。これまで説明した①から④の作業のように、まずは課題、対応策を〝書き出す〟ということがポイントです。

また、変更への対応で大切なのは、スピーディーさです。そのためには、やるべきことをやる、優先順位の低いものは後回しにする、といった「決断」を、すみやかに行なわなければなりません。いちいち迷わず、即座に決める。それでダメなら、また見直せばいいのです。

スケジュール変更への対応策は？

スケジュール変更！

❶やるべき仕事をすべて書き出す

仕事を終わらせるべき時間と必要な時間を、ざっと書く

❷仕事の優先順位を決める

書き出したリストに「何からやるか」を記入する

❸具体的な作業実施時間を書く

それぞれの仕事に「○日、pm5:00！」というように実施時間を書く

❹対応策の検討

❶～❸を見ながら、対応策を検討する

予定変更のときのポイントは **決断力** です！

まず決める。「ダメだったら後で変える」というぐらいの柔軟さで。考え込んでいるだけでは何も進まない

Point

仕事に変更はつきもの。そのたびにあわてていたら、何もできない。変更に対する適応力も「整理」の力だ

5

頭の整理にToDoリストは不可欠

ToDoリストは前日のうちにつくっておく

ToDoリストで頭の中の整理をする

限られた時間を有効に使うためには、やるべきこと、やらなくていいことを明確にして、仕事に「無駄」をつくらず、かつ「抜け」のないようにしなければなりません。そのために必要なのが、「ToDoリスト」です。

ToDoリストとは、「やるべきことのリスト」。頭で考えている「やるべきこと」を紙に書き出し、整理するのです。

この本で何度かお伝えしているように、頭の中を整理するためには、まずは「書き出す」ということが重要。書き出して、行動（仕事）と時間を〝見渡して〟チェックするために、ToDoリストは不可欠なツールなのです。

「書き出すこと」「見渡すこと」によって整理するのが目的ですから、ToDoリストは、むずかしく考える必要はありません。

システム手帳のリフィルもいいですが、メモ用紙でもかまいません。不要になったA4用紙を半分に切って、クリップで留めて活用している人もいます。とにかく、やるべきことをどんどんリストアップし、箇条書きにしていけばいいのです。

専用のノートを用意してもいいですし、普段使っている手帳のスケジュール欄のメモページに書いていってもいいでしょう。

ToDoリストを「指示書」にする

基本的なスタイルとしては、頭に□を書いておき、終了したものはそこにチェックマークを入れるようにします。こうすることで、終わっている仕事とまだ手をつけていない仕事が一目瞭然となります。

ToDoリストは、前日のうちにつくっておくことをおすすめします。その日にやり遂げられなかったことを、明日の自分に引き継ぐための「指示書」として活用するのです。仕事が終わったら、すぐに翌日にやるべきことをリストアップする（ToDoリストをつくる）というひと作業を、毎日の習慣としましょう。

どんな仕事にも必ず優先順位をつける

リストアップした「やるべきこと」については、「いつやるか?」という実施時間も書いておくといいでしょう。

たとえばものを考える仕事であれば、集中力のある午前中に。作業や連絡などは午後に……というように、1日のうちでいつ、どんな仕事をすれば効率が良いかを考慮するのです。

また、やるべきことを効率的にこなしていき、時間を無駄にしないためには、それぞれに優先順位をつけることも大切です。

ToDoリストに☑チェックを入れていくだけで達成感も生まれてきます。〝やる気〟になるのです。

ToDoリストで仕事を整理すれば、仕事の抜けもなくなります。むずかしく考えず、ぜひお試しください。

ToDoリストで段取り上手になる

ToDoリストがないと

［何から手をつけていいかわからず仕事に追われてしまう！］

さあ、終わったから帰ろうか！
翌日
朝から忙しい！
会議が始まるよ〜

ToDoリストをつくると

［何をすればいいかリストになっているので余裕を持って仕事ができる］

明日やることを書き出しておこう！
翌日
あの資料どうなってる？
はい！ できてます

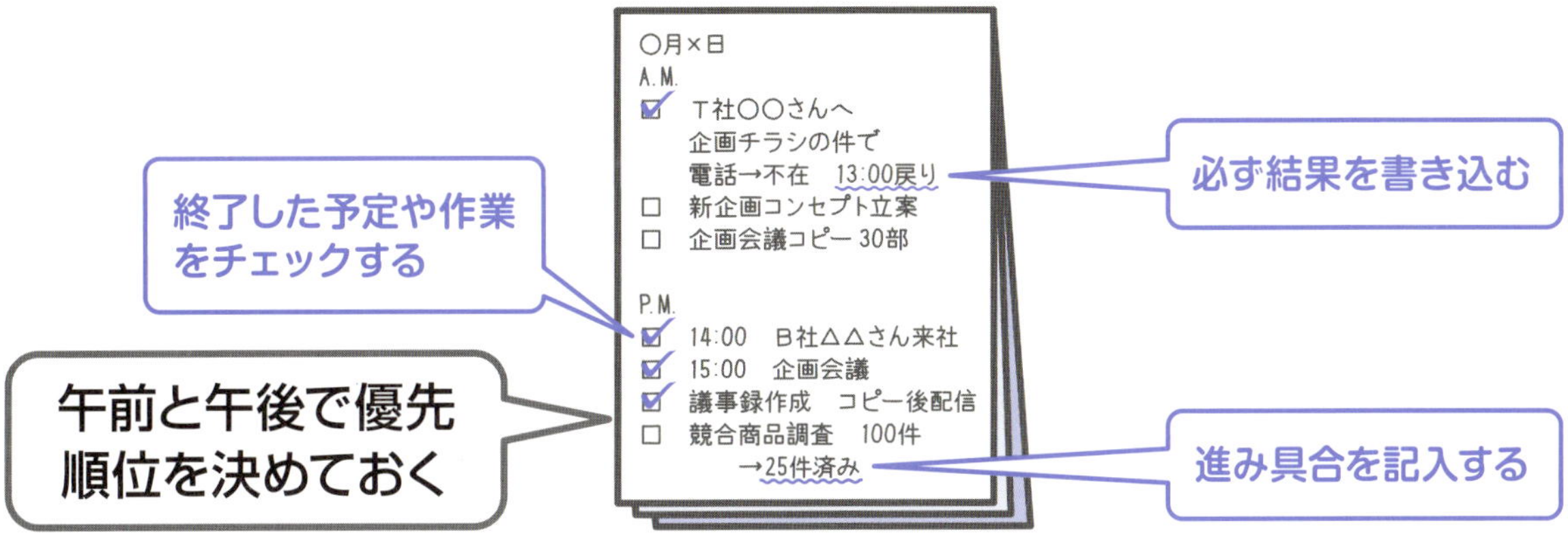
○月×日
A.M.
T社○○さんへ
企画チラシの件で
電話→不在 13:00戻り
新企画コンセプト立案
企画会議コピー 30部
P.M.
14:00 B社△△さん来社
15:00 企画会議
議事録作成 コピー後配信
競合商品調査 100件
→25件済み
終了した予定や作業をチェックする
午前と午後で優先順位を決めておく
必ず結果を書き込む
進み具合を記入する

Point

ToDoリストは必ずつくろう！ 頭の中で考えている「やるべきこと」を書き出して整理する意味は大きい

6

仕事の整理は気持ちの整理にもつながる

1日の仕事終わりにすべき習慣とは？

終業時には、その日のことを整理する習慣を！

1日の仕事を終えるとき、あなたは何をしますか？　デスクの上や、使用した書類の整理……それももちろん必要です。

しかし、整理するものは「モノ」ばかりではありません。翌日の仕事を効率的に、無駄なくこなせるように、今日1日のうちに行なった作業や、考えたこと、起こったことなどを整理しておきます。つまり「1日の仕事の整理」です。「明日への段取り」と言ってもいいでしょう。常に〝スタンバイ〟の状態にしておくのです。

前述のように、翌日のToDoリストをつくって、明日への指示書とするのも、そのひとつの方法です。リストやメモに実際に「書く」ことで、頭の中も整理できます。

その日にあったうまくいかなかったこと、うまくいったこと、新しく仕入れた知識や経験などを一番覚えているのは、その日の終わり、つまり終業時です。明日やるべきことをリストアップし、具体的にどう進めるかを検討するには、最もふさわしい時間と言えるでしょう。

「その日にあったことはその日のうちに整理して、明日につなげる」

――これを、終業時の習慣としましょう。

スケジュール表には「結果」も書く

ToDoリストをさらにスケジュール表に落とし込むことで、仕事の精度、確度はアップします。

このときのスケジュール表には、「予定」と「実際」の欄を設けるといいでしょう。言わばスケジュール表に「業務日誌」の性質も持たせる、ということです。

朝一番に、前日につくったToDoリストをもとに、まず「やるべきこと」を、所要時間も考えて予定欄に書き込みます。

そして1日の終わりに「実際」の欄に、その予定が実際にはどうだったのか……つまり「結果」を書くのです。さらに、その予定と結果に関して気づいたこと（「意外と時間がかかる作業だった」など）をメモしておきます。予定通りに進まなかったら、その理由もこの欄に書いておきましょう。

このスケジュール表で計画を立てて結果をチェックすることで、「こんなときはどうすればいいか」という、自分なりの「仕事の型」ができるのです。

仕事の整理は「気持ちの整理」にもなる

こうして1日の仕事を整理することは、あなたの「気持ちの整理」にもつながります。仕事が忙しくなればパニックになりがちですが、整理することで計画を立て直せば、やるべきことも確認でき、気持ちがリフレッシュして、仕事に前向きに取り組めるようになるのです。

もし予定通りに事が運ばなかったとしても、それで自分を責めるだけでは、何の発展性もありません。

「今日のことを整理して、今日より、もっと効率的な明日をつくる」

1日の仕事の整理は、そのためでもあるのです。

リストをつくり、「スケジュール」「結果」を記入する

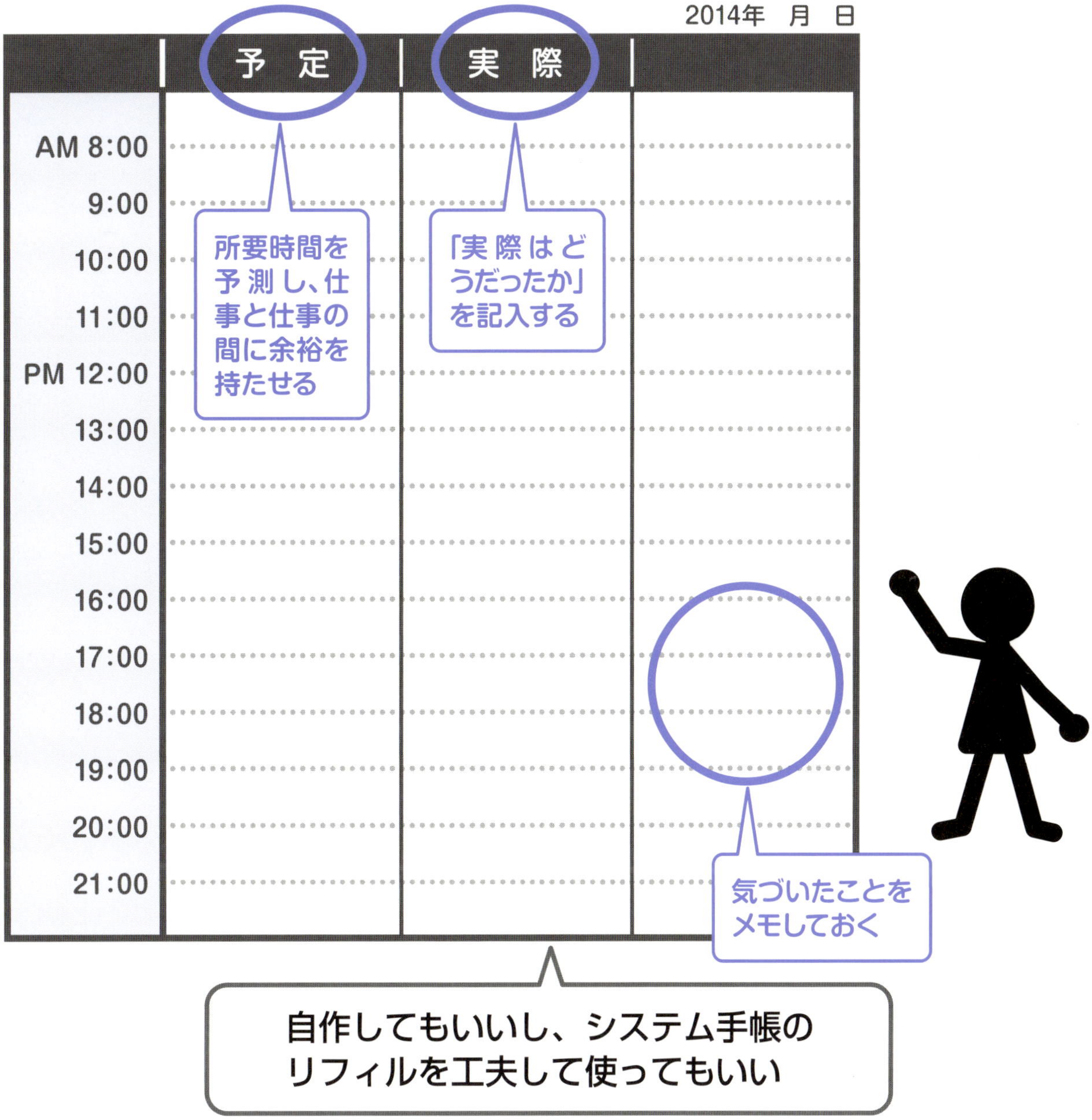
2014年　月　日
予　定
実　際
AM 8:00
9:00
10:00
11:00
PM 12:00
13:00
14:00
15:00
16:00
17:00
18:00
19:00
20:00
21:00
所要時間を予測し、仕事と仕事の間に余裕を持たせる
「実際はどうだったか」を記入する
気づいたことをメモしておく
自作してもいいし、システム手帳のリフィルを工夫して使ってもいい

Point

今日の仕事の整理は、効率的な「明日」のため。この積み重ねがスムーズな仕事につながる

COLUMN

“スケジュールアイテム”を使いこなせ！

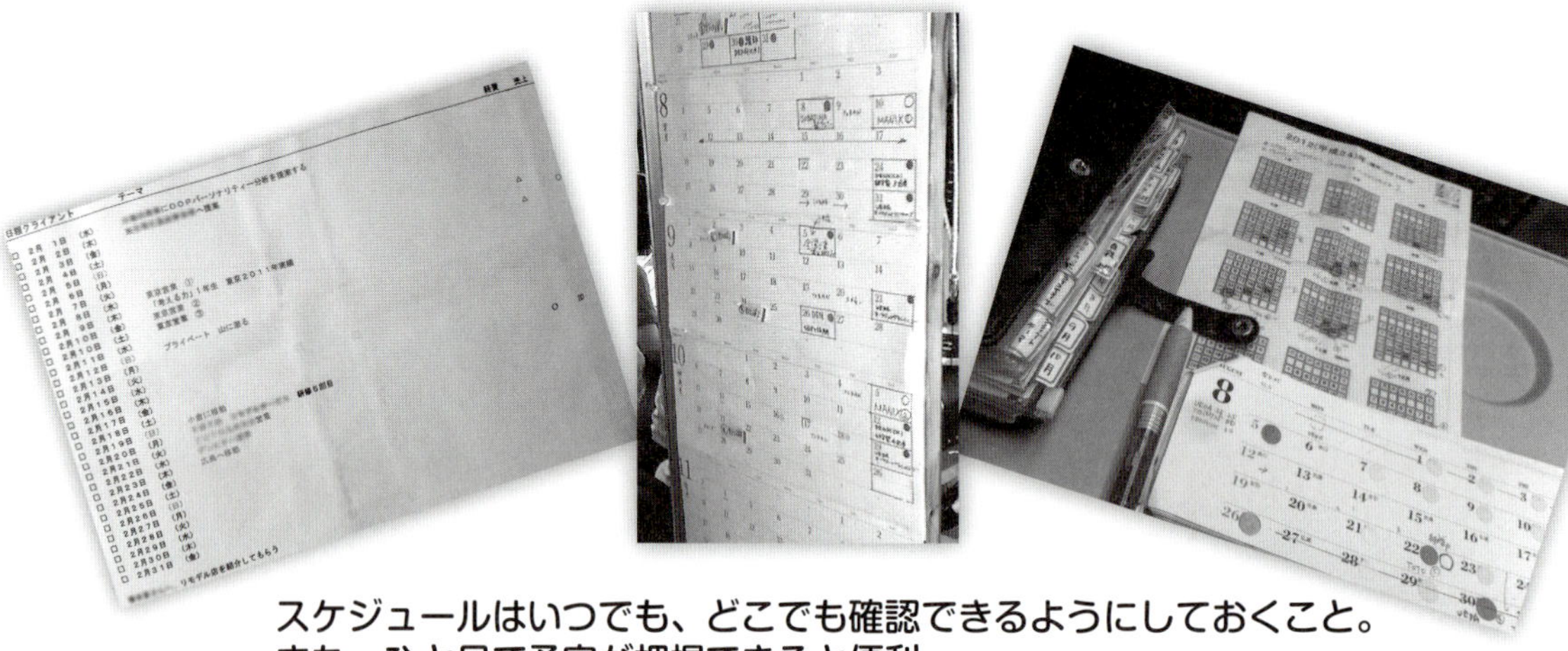

**スケジュールはいつでも、どこでも確認できるようにしておくこと。
また、ひと目で予定が把握できると便利**

効率的なスケジューリング・時間管理に関する考え方がわかっても、その際に「何を使うか？」……つまり「どこにスケジュールを書いておくか？」ということで悩んでしまう人も多いのではないでしょうか？

毎年11月くらいになると、文具店、書店、デパートの店頭は、数々の「次年度の手帳」でいっぱいになります。また、各種カレンダーの発売もこのころです。

最近では「4月始まり」「10月始まり」など、さまざまな区切りの手帳が出ていますから、新しいスケジュール帳を導入するタイミングは「一年中、いつでも」と言えます。ですから「まだスケジュール帳を使い切っていないから」なんて言い訳で〝時間の整理〟を始めないのではいけません。**整理は、いつでも始められる**のです。

どのスケジュール帳が良いか？　ということについては、人それぞれが使い勝手を考えて選べばよいでしょう。それぞれのスケジュール帳（手帳）に、それぞれの良さがあるはずです。ここでは、何かにスケジュールを書いておく際の、共通するコツを2つ、お話しします。

まず一点は、**「スケジュールを書く際には、アポイントなどの〝時刻〟だけではなく、費やす〝時間〟も書く」**ということ。時間の整理を念頭に置くなら、1日のうちのどれだけの時間を何に使うかは、明確にしておかなければなりません。ですから、「10：00　会議」などと記すのではなく、マーカーや線で会議の所要時間をひと目でわかるようにします。〝点のスケジュール〟ではなく、〝線のスケジュール〟を意識してください。

もう一点――**「スケジュールは、いつも見られなければ意味がない」**ということも重要なポイントです。いくら評判のいい手帳を手に入れたとしても、その手帳を鞄の中にしまいっぱなしでは、スケジュールを書き込む意味がありません。

あなたが普段、一番目にするものは何ですか？　手帳、カレンダー、スマートフォン、パソコン……「スケジュールは〝いつでも見られるモノ〟に書き込む」。当然のことですが、大事なポイントなのです。

PART 5

メモで情報を自由自在に整理する方法

物忘れも防げ、
企画やアイデアのもとになる！

1

頭の整理に必要なものは紙と鉛筆だけ

メモを使えば自分の頭の中を見える化できる

「考え」「アイデア」も整理の対象です

「きちんと整理されていない」「ゴチャゴチャしていてわかりづらい」ものは、部屋やデスクの上、書類や引き出しの中といった「目に見えるモノ」や、各種スケジュール（時間）ばかりではないはずです。

ものごとや仕事の案件に対する「考え」や、ふとしたときに思いつくさまざまなアイデア……これらを「整理しておこう」と意識したことはありますか？

頭の中がスッキリ整理整頓されていて、イザ必要となったときにすぐに自分の考えやアイデアを引っ張り出せれば、仕事もより効率的になるはずです。

また、そもそも頭の中がゴチャゴチャで、方向性も定まっていない状態では、モノの整理や時間の整理も、スムーズには進まないでしょう。

「整理の習慣を身につけようと思ってはいるのだけれど、いったい何から手をつければいいかわからない」

そんなあなたが最初に手をつけ、習慣としてしまうべき整理は、「頭の中」の整理なのです。

頭の中にあるものをメモで「見える化」する！

「よし、じゃあ頭の中を整理しよっ！」

と決めても、もちろんそれだけであなたの頭の中が整理されていくわけではありません。整理には〝作業〟が必要です。

あなたの頭の中は、日々インプットされるさまざまな情報、次々と埋まるスケジュール、どんどん変化する考え方、アイデアなどで、いつもいっぱいのはずです。

日頃からこれらをしっかり整理しておく……という習慣がない人は、とりあえず、今現在の頭の中を総点検しましょう。

頭の中にある情報、頭の中で考えていることを、未整理のものは未整理のままでいいので、とにかく一度、すべて外に出してしまうのです。

外に出す……つまり「〝メモ〟として紙に書き出す」ということです。

頭の中の整理作業とはすなわち、メモによって自分の頭の中にあるものを「見える化」する作業に他なりません。

いつでもどこでも頭の中を整理できるのがメモの力

頭の中の整理をするために最低限必要なものは、紙と鉛筆（筆記具）だけ。これらさえあれば、いつでもどこでも、頭の中の総点検ができます。未整理でもいいので、とにかく頭の中の情報、考え、思いついたことをすぐにメモします。

最初は箇条書きのようなものでもかまいません。頭の中にあるもの、やりたいこと、今の目標などを書き出していきます。

メモが習慣となるまでは、できれば1日のうちでメモをとる時間を意識的に設定することをおすすめします。終業前の5分、就寝前の5分などで、その日にあった出来事をメモとして書き出すだけで、頭の中が整理されるのがわかるはずです。

まず頭の中のものをメモする

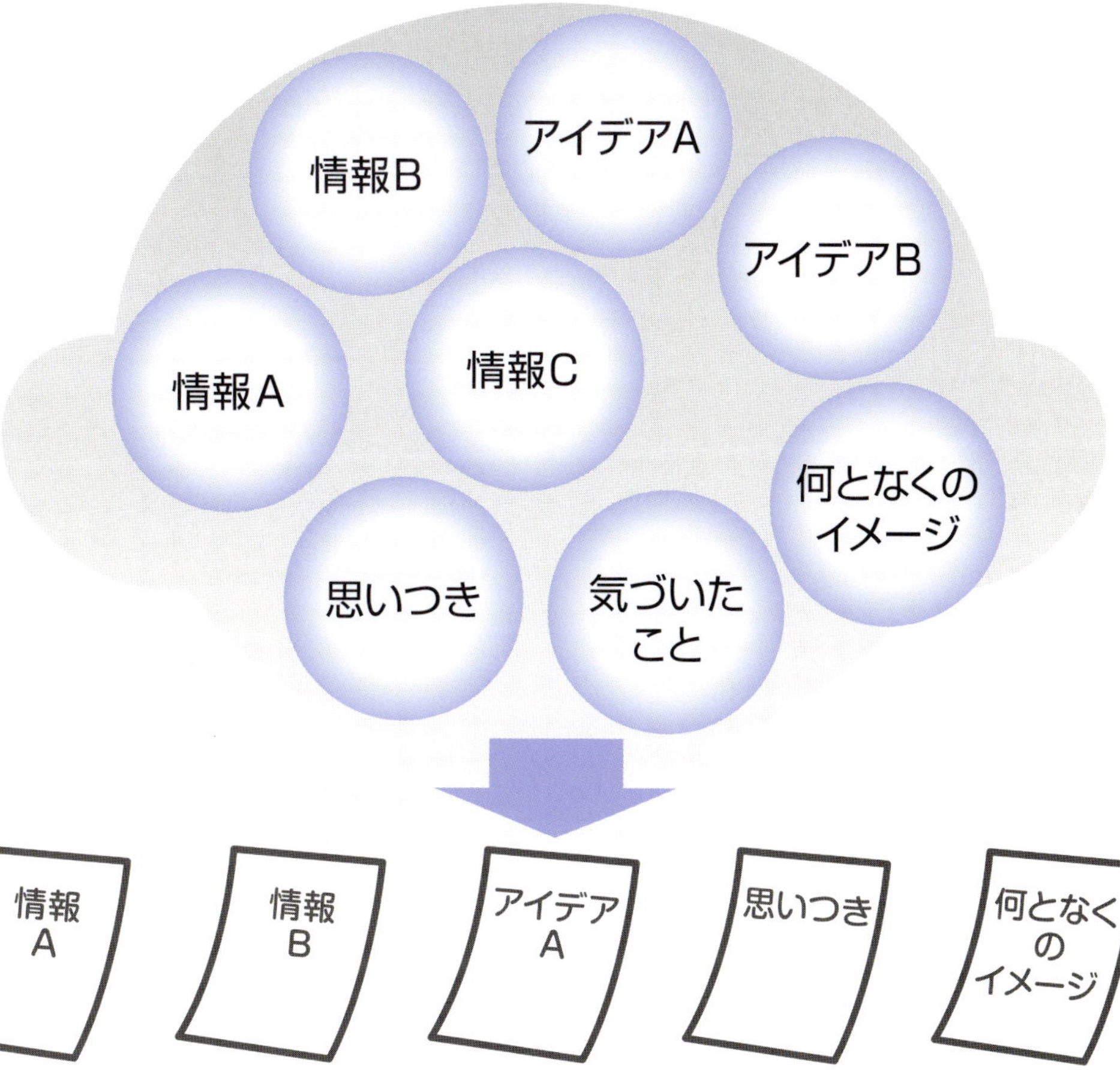
情報B
アイデアA
アイデアB
情報A
情報C
何となくの
イメージ
思いつき
気づいた
こと
情報
A
情報
B
アイデア
A
思いつき
何となく
の
イメージ

頭の中にあるアイデアなどを **メモ** することによって **見える化** する

最初は箇条書きのような
シンプルなものでOK

頭の中が整理される！

「メモすること」
を習慣にしよう

Point

メモを習慣化させるには、１日のうちで「メモの時間」をつくること。さらにメモ帳を常に持ち歩くこと！

2

●よい仕事をするにはリセット作業が必要

頭の整理ではデジタル作業から離れる

「アナログ時間」が心を整理させる

頭の中の整理を行なうことは、同時に「心の整理」にもつながります。

心に余裕を持った状態は、自然にあなたの仕事や生活に対するモチベーションやテンションを高めることになります。この状態になれれば、情報やモノ、スケジュールの整理も、やりやすくなるでしょう。

頭の中の整理とは、あなたが仕事に向き合い、いい仕事をするために必要な「リセット作業」なのです。

頭の中の整理をする際、ぜひ心がけていただきたいのは、「なるべく〝デジタル〟的作業から離れる」ということです。

今の時代、ビジネスはパソコンなしでは回っていきませんし、携帯、スマートフォンといった通信機器も不可欠です。

そんな「デジタル漬け」の世の中だからこそ、あえて〝アナログ〟的作業をすることが、頭の中のリセットに有効なのです。

アナログ的作業といえば、一人で散歩をしたり、鉛筆で絵を描くといった「デジタルな日常から逃れる時間」を持つこともおすすめなのですが、頭の中の整理に関して言えば「『紙のメモ』を使う」ことが、具体的な手法として一番有効なものです。

スマホやタブレットなども、大いに活用しよう!

紙に書く、というアナログ的作業でデジタル漬けから逃れる、という効果だけではなく、「紙のメモ」は非常に自由度の高いツールと言えます。

頭の中にある情報、頭の中で考えていることを一度外に出すのです。このとき、1、2時間集中してパソコンを使ってもいいですが、寝入りばな、電車の中などで、「あ、こんなこともあった」とふと思い浮かんだアイデアや思い出した情報は、普通はパソコンでは入力できません。

スマートフォンなどのモバイルツールも同様です。

とはいえ、最近のスマホやタブレットは非常に性能も良い。私もiPhoneとiPadを活用して、いろいろなことをメモしています。声で吹き込んでもいいし、気になった情報や風景もすぐ写真に撮れます。

写真によるメモは、現代のビジュアル社会にはじつに効果的です。スマホやタブレットは、いわば「デジタルのメモ」。自由度、簡便性も紙のメモに劣りません。

しかし、やはりメインはアナログの紙です。ポケットには必ずメモ用紙を入れておきましょう。

「自由に書く」だけで頭の中はリセットされる!

紙へのメモに、面倒な手間は一切なし。いつでもどこでも、思い立ったときにできる……「頭の中の整理」は、すぐにあなたの習慣となるのです。

まずは細かい書き方などは気にせず、頭の中にあるものを自由に紙に書き出してみてください。それだけであなたの頭の中は一度「リセット」されるはずです。

メモは、アナログの時間でもある

世の中は“デジタル”であふれている！

しかし

「デジタル漬け」の世の中だからこそ、「紙のメモ」を使うアナログ作業が生きてくる！

頭の中のリセットにつながる

メモに書くことで、考えが整理されて、いいアイデアが生まれることも

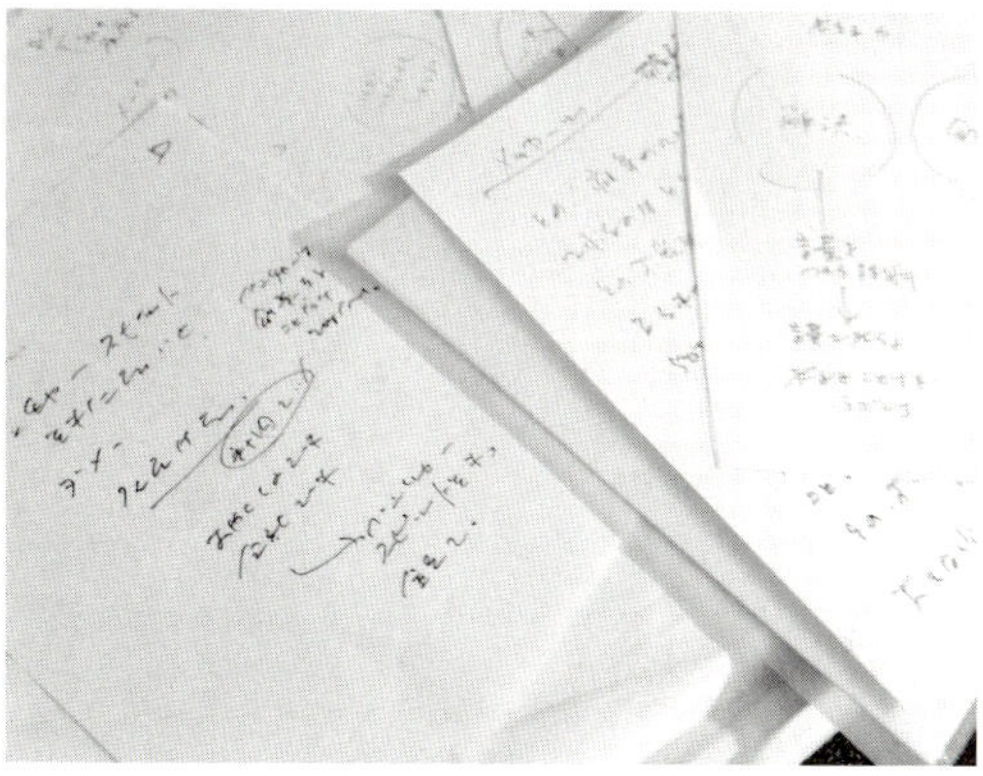

心にひっかかったものがあったら、まず「紙」にその内容を書く

書くことによって、たとえば対応策のアイデアなども生まれる

Point

考えるより先に無意識にペンが動くぐらいになれば、次のアイデアも生まれやすくなる！

3

仕事のできる人は会議の内容をメモで見返す

ノートはプロジェクトごとに分けて使う

会議や打ち合わせのときは、とにかくメモをとること！

会議や打ち合わせの際、筆記用具を用意せず、メモをとらない、という人は、まずいないと思います。

しっかりメモをとって、のちのち確認、活用する……しかし、会議、打ち合わせでのメモの整理法を、ビジネススキルとしてちゃんと指導された（あるいは勉強した）人は、少ないでしょう。

効率的に仕事をこなす人と、そうでない人の違いは、会議や打ち合わせでの決定事項や課題を、繰り返し見返して認識できているか、ということにもあらわれます。

「あれ、あの件って、結局どうすることになったんだっけ？」

「次の打ち合わせまでに必要な資料って、何だっけ？」

などということにならないようにするには、効率的な「メモ・資料の整理法」を身につけておく必要があります。

ノートは「プロジェクトごと」につくるのが基本

会議や打ち合わせでのメモも、普段使っているノートや手帳にしてしまう……という人は多いと思います。

しかし、何カ月にもわたる打ち合わせや、月1回の定例会議が数回分ともなれば、普段使っているノートや手帳は1冊ではまかないきれません。これまでの会議や打ち合わせの確認をしたいときには、「前に使っていた」ノートや手帳を、会議や打ち合わせの場に持ち込む必要があります。

さらにその中から該当案件を探し出し、付箋を貼っておかなければならない……これでは、事前の準備に余計な時間がかかってしまい、効率的とは言えません。

「仕事のノートは1冊に」という意見もありますが、会議や打ち合わせの際のメモに限れば、案件＝プロジェクトごとに別々のものを用意することをおすすめします。あるいはルーズリーフを使えば、後で案件ごとにまとめることができます。

また会議にもよりますが、許されるならばホワイトボードを写真に撮ったり、ボイスレコーダーで録音するのもいいでしょう。

資料は「ボックスファイル」に放り込もう

会議や打ち合わせで必要となるのは、メモだけではありません。数々の資料も整理が必要です。ですから、ノートと資料をまとめておく「プロジェクトごとのボックスファイル」をつくってしまいましょう。

厚さ2センチぐらいのものから5センチぐらいのものまで、プラスチックの箱形の簡単なケースです。

ノートや資料など、サイズが違うものでもどんどん放り込んでおき、会議や打ち合わせに、ケースごと持ち込めばいいのです。

放り込んでおくだけですから、整理が苦手な人にはもってこいのやり方です。

なお、メモや資料に日付を書いておくこと、ケースにタイトルをつけることは忘れずに。

会議や打ち合わせのときのメモやノートは？

会議や打ち合わせのノートは
案件（プロジェクト）ごとに
別々にしたほうがいい

「仕事のノートは1冊に！」という考えもあるが、複数の案件があると混乱しやすい。ただし、メモ帳は1冊のほうがいい！

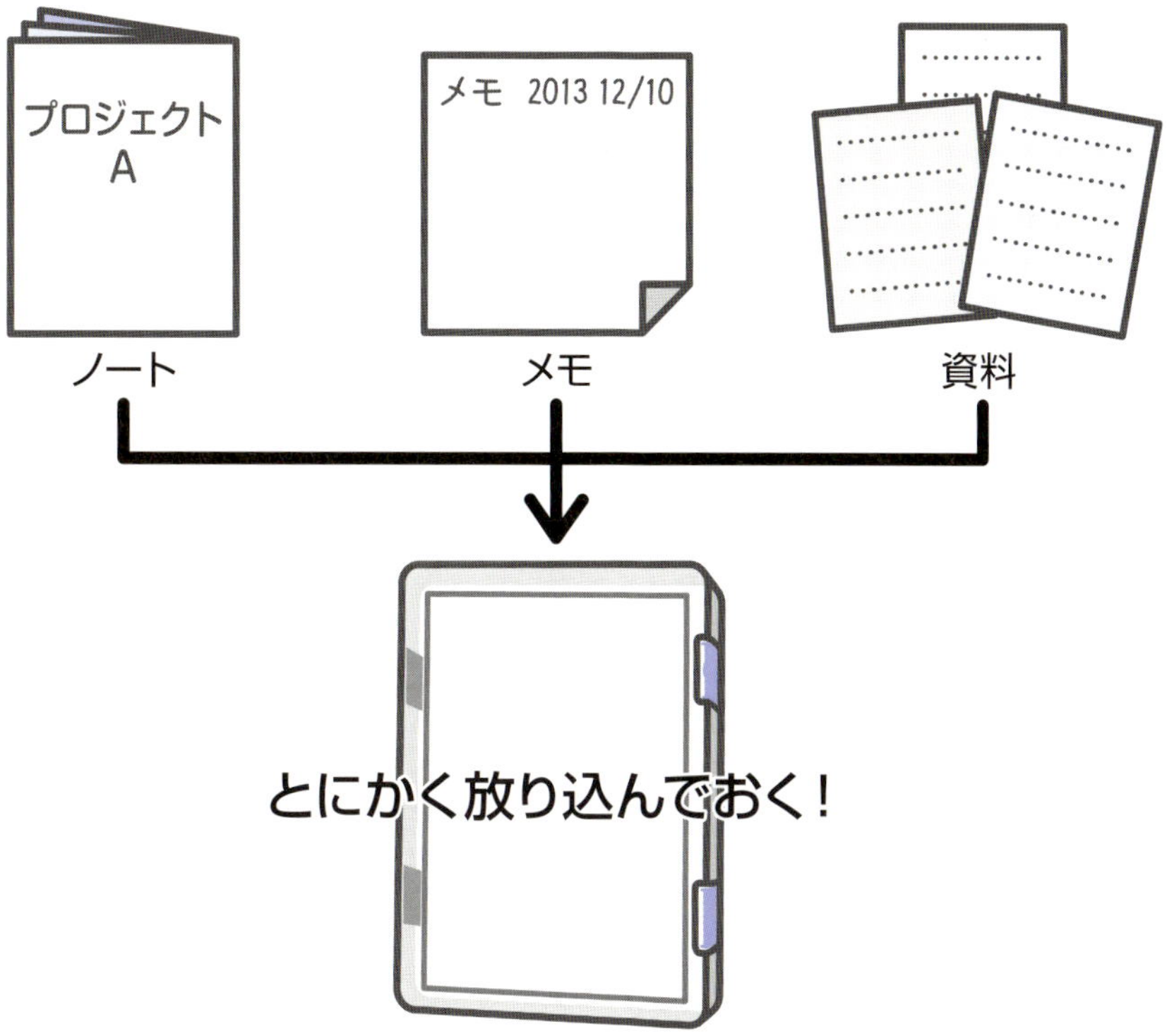
プロジェクト
A
メモ 2013 12/10
ノート
メモ
資料
とにかく放り込んでおく！

Point

許されるなら、ボイスレコーダーに録音したい。会議などではホワイトボードを写真に撮ってもいい。これもメモの一種だ

4

話を整理することで、コミュニケーションがうまくいく

電話・メールのときもメモを手放さない

電話の受け方・かけ方とメモのとり方

仕事の効率化を考えた場合、日常の「電話」や「メール」への対応も、意外と時間をとられる、厄介なものと言えます。こんなときにもメモの習慣を利用しましょう。

電話については、受けるときはもちろん、かけるときにもメモが必須です。

まず、受けるときのメモのポイントから説明しましょう。

電話を受けるときには、話した内容と聞いた内容を、しっかりメモします。ただし、忙しいときにかかってきた電話は、相手の話だけをメモをとりながら聞きます。

そして後で話の要点を整理し、こちらから伝えるべきことをまとめ、メールなどであらためて返事をしたほうが、確実です。

とったメモは、こちらから返事をしたかどうかを書き込み、その仕事のファイルに入れておきます。

では、電話をかけるときのメモは、どうすればいいでしょうか。

これは、短い時間で相手に正確に話を伝えるための準備、覚え書きのことです。つまり、自分が相手に伝える情報を、一度「整理」する、という作業です。

「何を話すか」「どういう流れで話すか」「確認事項は何か」など、伝える情報、手に入れるべき情報をあらかじめ整理して箇条書きでメモしておき、手元に置いてチェックしながら相手と話します。

こうすることで「伝え忘れ」「聞き忘れ」が生じないのです。

相手が違う話を振ってきた、あるいは会話が別の話題になってしまった……などという場合もあります。だからこそ、伝えたいことは頭の中に入れっぱなしではなく、一度外に出す、つまり「紙に書く」という見える化が必要になってくるのです。

これはメールを出すときも同様です。

論理的で確実な「ホウ・レン・ソウ」を！

また、上司や部下との会話、職場におけるコミュニケーションでもメモは重要です。伝えたいことを前もってメモで整理しておくのです。コミュニケーションの核となるのは、「ホウ・レン・ソウ」、すなわち「報告」と「連絡」と「相談」です。

余計な話をせずに論理立てて要約して報告する。必要な事項のみを、もれのないよう、確実に連絡する。話の要点を整理して、相手がわかりやすいように、また相手が答えやすい質問で相談する。

そのためには、自分の頭の中にある考えと、相手（上司や部下）に伝えるべき情報を事前に整理し、メモをしておきましょう。

曖昧な言葉や的が絞れていない話を投げかけても、相手としても戸惑うだけです。

情報を整理したメモを見ながら話す、メモをとりながら話を聞く……ということは、決して恥ずかしいことではありません。

「ホウ・レン・ソウ」がうまくいかない、という人は、まずはメモと筆記用具を常に携帯して、人の話はすぐにメモする、という習慣を徹底させましょう。

コミュニケーションにもメモを役立てる！

電話やメールだけでなく、上司や部下とのコミュニケーションのときにも、メモは必須のアイテム！

頭の中が整理できていないと…

部長、ご報告があります
何かな？

話すことをメモしていない！
～で、～の場合
○○になるので、
つまり××ということですが……
何が
言いたいんだ？

上司、部下との「ホウ・レン・ソウ」に、メモは欠かせない！

メモで整理できていると…

電話する前に
確認事項をメモして
おこう

まずひとつ目は○○です。
かしこまりました。
2つ目ですが……
わかりやすいなぁ

モレなくスムーズに
仕事が進む

Point

相手がわかりやすいように、話の内容を整理して、必要な事項のみをピックアップしておく

5

常に〝情報選択〟するクセをつけよう

何気ないおしゃべりや新聞、テレビからのメモ術

あなたの日常は情報にあふれているが……

仕事を離れての友人との何気ないおしゃべり……。人との普段からのコミュニケーションは、あなたの「情報収集」の上でとても大切な作業です。

雑談などの些細《ささい》な会話に、大きなビジネスのヒントが隠れている場合もあります。また、普段何となく見ている新聞や雑誌、テレビやインターネットにも、あなたに必要な情報があるはずです。

「それ面白い！」「ネタになる！」と思ったことは、すぐにメモをしましょう。これをスマートにできるかどうかで、あなたの「メモ力」が決まるのです。ですから、メモ帳は必携です。

現代は情報化社会。しかし、あふれる情報をすべて収集していては、情報の整理に時間がかかるだけです。また、本当に必要な情報もその他の不要な情報によってかすんでしまうでしょう。

「常に情報収集を心がけよう」という姿勢は大事。しかし、「その情報が本当に要るものなのか？」と、入ってくる情報を「選別」する意識も必要です。

必要ではない情報は、できるだけブロックする！

たとえば「新聞を読む際には、立って読め」という人もいます。座ってじっくり読むよりも、立って読んだほうが、見出しを俯瞰できて、自分にとって本当に必要な情報だけに目が行きやすい、ということです。立って読んで、引っかかったところだけを、あとでじっくり読むのです。

新聞ぐらいゆっくり読みたいという気持ちも、わからないでもありませんが……。

何でもかんでもじっくり読んでしまうのではなく、情報を読むときにもメリハリが必要なのです。人と会話をする、新聞を読む、テレビを観る……情報が入ってくる場面で、その情報が必要かどうかを大ざっぱにでも判断するクセをつけましょう。

不必要な情報は入れない、ということも大切なのです。

「情報に日付」をつけるのが、メモの基本でもある

必要な情報かどうか、を判断するには、自分で「これは興味アリ！」と思ったことを、必要な情報としてメモしておきます。新聞、雑誌ならば見出しと記事をスクラップします。ただし、スクラップしなくても、新聞（雑誌）名と日付、見出しはメモしておきましょう。後で図書館に行けば、必要な紙面を見ることができます。

メモと同時に日付を書くことで、その情報を仕入れた背景（どんなときに目にしたか。あるいはどんなときに話した内容か）も残すことができ、後で思い返す際に、そのときの印象（なぜ必要と思ったか）が鮮明になるのです。

インターネットからの情報も、アドレスさえあれば後で検索できるので、閲覧した日付とアドレスあるいは検索ワードを残しておきましょう。

あふれる情報や会話の気づきをメモしよう

雑誌
新聞

何気ないおしゃべり　　雑誌　新聞　　パソコンやテレビ

世の中は情報であふれている。
有用な情報だけをピックアップしよう

会話の中でも「それ面白い！」「何かの企画につながる！」
「なるほど！」と思うようなことがあったら、
それをスマートにメモできる力を身につけよう

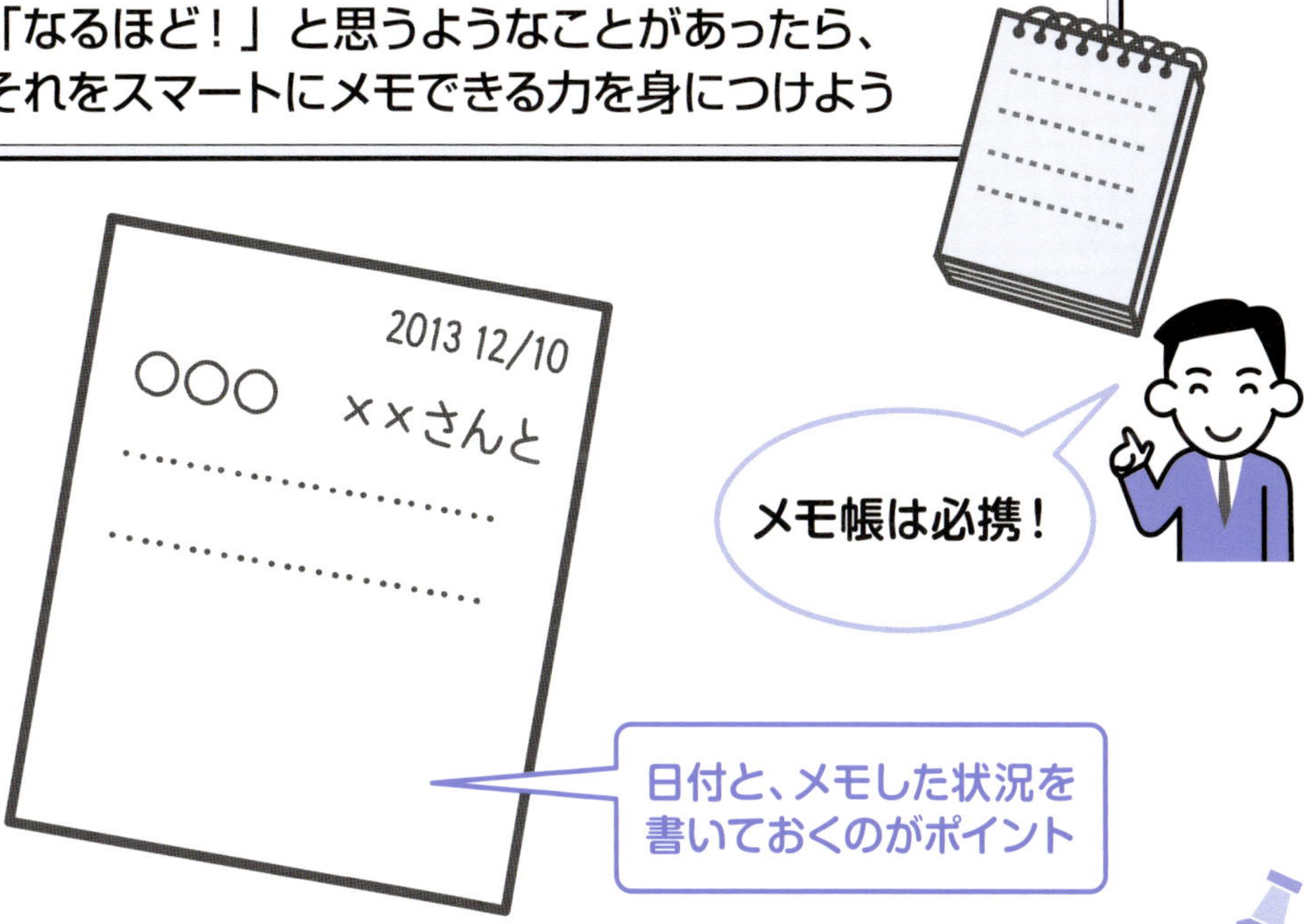
2013 12/10
○○○　××さんと
メモ帳は必携！
日付と、メモした状況を
書いておくのがポイント

Point

自分のアンテナを信じ「興味がある」と思ったものはすぐメモをする。しかし不要な情報を“選別する”意識も必要！

6

名刺は量よりも質！

名刺交換した人を絶対に忘れないテクニック

会った人を忘れないために必要なこと

もらった名刺を名刺ファイルなどに保管しておき、しばらく経って「この人誰だっけ？」ということは、ありませんか。

日々、何人もの人と名刺交換をする機会があれば、その中で忘れてしまう人がいても、仕方がないことでしょう。しかし、名刺を見ても誰だかわからないという人と再び会ったとき、相手はこちらを覚えているのに、自分は忘れていたら、ビジネスパーソンとして資質が問われてしまいます。

そうならないように、名刺交換をした際には「忘れないために」、相手の情報をメモしておくようにしましょう。

メモしておくべき情報は、次のものです。

①日付（名刺交換をした日）
②場所（名刺交換をした場所）
③紹介者（あれば）
④用件（具体的な案件？　単なる紹介？）
⑤相手の特徴（誰に似ているか／出身地／印象に残った点……など）

⑤に関して言えば、体型や顔、眼鏡や頭髪、しゃべり方などをメモしておけばいいでしょう。有名人に似ているようなら、そのことをメモしておきます。

A４用紙にコピーする方法もある

とはいえ、交換した名刺すべてにメモ書きが必要というわけではありません。

忘れてもいい名刺には、メモをする必要はありません。整理して分類した上で、本当に必要なものにメモをしていきます。

たとえば名刺交換の際には、「今後、連絡を取る相手かどうか」を見極め、不要と判断した場合には、整理するときにメモ書きをせずに、シュレッダーなどで「廃棄」してしまうべきなのです。

それでもどうしても捨てきれない人は、8枚か10枚をA４用紙にコピーしてファイルしておけば、かさばらずに保管できます。用紙には余白ができますから、そこにメモをすればいいでしょう。

基本的には名刺の裏面にメモをする

名刺の裏が空いている場合は裏に、また裏も埋まっている場合には、空いているスペースにメモするか、メモをした付箋を名刺に貼っておくようにします。

もちろん、メモは名刺交換の場ではしないように！　ただし、あまり時間が経ってからでは思い出せないということにもなりかねないので、名刺交換をした日のうちに記入しておきましょう。

「名刺へのメモ」は、名刺交換の機会が多い営業マンなどで、多くの人が実践していることです。あなたもこの「営業マンの裏ワザ」を、ぜひ試してみましょう。

なお、名刺は「量より質」です。この先、一度も会わないかもしれない人と名刺交換しても、整理に困るだけ。名刺交換は、ある程度、相手を選ぶべきでしょう。私は「これから何か始まりそうな人」の名刺をスマートフォンで撮影して整理しています。

名刺へのメモ術

名刺交換

↓

忘れないように名刺にメモしておく

①日付（名刺交換をした日）
②場所（名刺交換をした場所）
③紹介者（いれば）
④用件（どんなことを話したか簡単に）
⑤相手の特徴（誰に似ているかなど）

○○株式会社
企画部主任
○川 △郎
東京都××区○○1−1−1
03-0000-0000

名刺は
大事に扱おう！

名刺の裏（記入例）

場所、用件、相手の特徴を記入

・先方の会社
・新規取引の件
・Ａ社営業Ｂ部長の紹介（大学時代の友人）
〈特徴〉
・長身、40代、早口、○○さん似
・九州出身、ゴルフ好き
・高校時代野球部（県大会準優勝）

捨てることを思い切れない人

まとめてＡ４用紙にコピー
↓
バインダーなどに綴じる

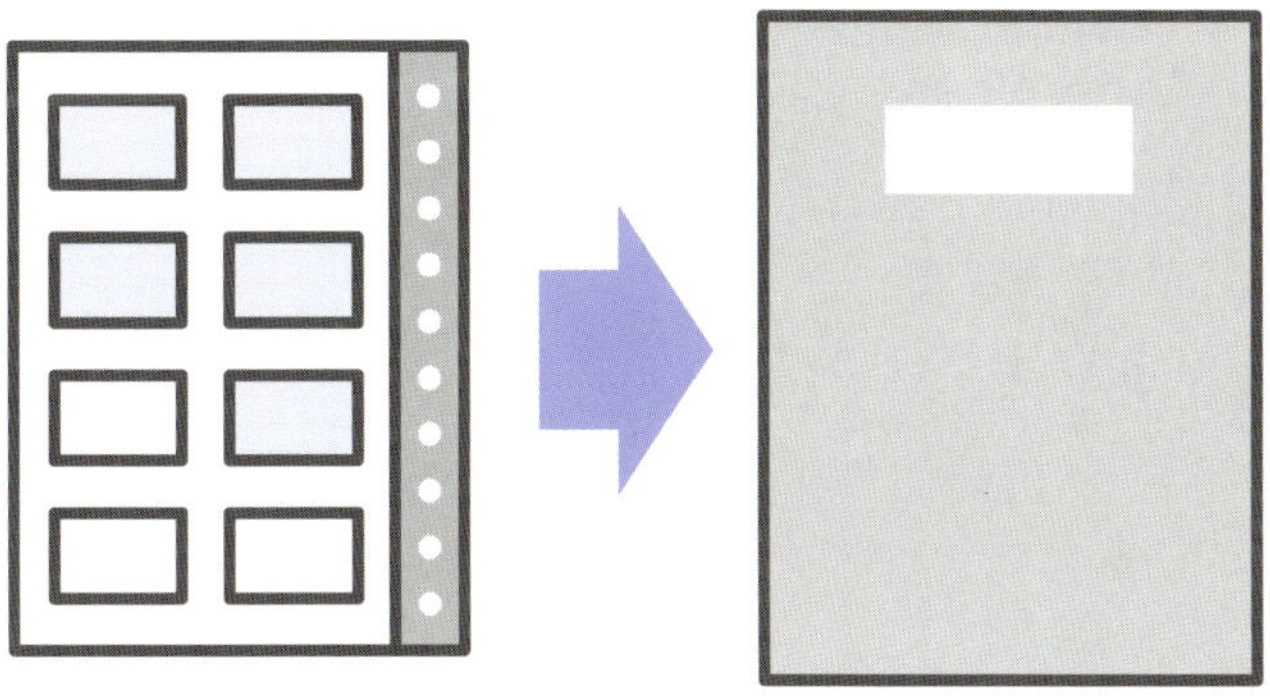

かさばらずに
保管できる

Point

交換後の会話中にメモはしないのが礼儀。打ち合わせなどが終わったら、その日のうちにメモすることを習慣化しよう

7

メモのファイルの利点は、いつでも見返せること

メモは捨てない！ テーマごとにまとめてデータベースにする

メモを捨てずに「オリジナル資料」にする

「メモ」という言葉の響きには、何かしら“使い捨て”のイメージがありますが、私はメモを捨てないようにしています。

メモは自分のアイデア、仕事の記録の貴重な資料です。手近な紙にサッと書いたようなメモでも、決まった場所に保管して、後できちんと整理するのです。

私の場合、仕事場でも自宅でも、思いついたことを書いた日付入りのメモが束になってクリップで留めてあります。

こういったメモがある程度たまったら、各メモをテーマ（内容）ごとに分類して、同じテーマのものをまとめてA４サイズの紙に貼り込んでいきます。1枚の紙に、小さなメモなら4枚くらい貼れるでしょう。バラバラのメモ用紙も、これで同じサイズに統一でき、保管しやすくなります。

A４サイズの紙には、タイトルとテーマ名を書き込みます。そしてそのA４サイズの紙をテーマごとに2穴バインダーに綴じていきます。クリップで留めたり、クリアファイルに入れる方法でもいいでしょう。要は、テーマごとにまとまればOKです。

こうして、メモをまとめた「オリジナルの資料」ができあがるのです。

メモを「読み返す」ことに意味がある

このメモのファイルの利点は、いつでも読み返せる、という点にあります。はじめは単なる「メモ」だったものが、読み返すことによって新たな「情報」となります。

また、ここにまとめられているものは、考えたこと、経験したことが詰まった日記でもあり、貴重なデータベースです。日々のメモをまとめることで、いつでも「このときはこうだった」と思い返せるのです。

私の過去のメモには、出張先のホテルのメモ用紙や、コーヒーのシミがついたものもあります。それもまた記録であり、情報のひとつでもあるのです。

過去の自分の考え、行動、仕事の内容を振り返って、そこから今後の仕事の進め方などを導き出すことは少なくありません。そのために最も有効なのが、日々考えていたこと、実行したことを改めて確認できる「メモを読み返す」という方法です。私は20年以上、この方法を続けていますが、過去のメモを読むたびに新たな発見があります。たまったメモも膨大になってきたので、最近はスマートフォンで撮影してPCで管理するなど、いろいろ工夫しています。

手帳やノートも読み返すと新しい発見がある

ノートや手帳も、読み返すとさまざまな発見があります。1枚ずつミシン目で切り取れるノートを使っている知人がいます。その人は、ノートを読み返して、「これはどう考えても今後必要ない」というページは、切り取って捨てるそうです。これを繰り返していけば、アイデアやメモのエッセンスだけのノートができあがります。

メモを読み返すことも、メモを続ける秘訣です。

メモの保管方法のポイントは？

大ざっぱに分類してクリアホルダーに入れておいた雑多なメモは、時間があるときに整理しよう。A4の紙に、テーマごとに、あるいは日付ごとに貼り込む

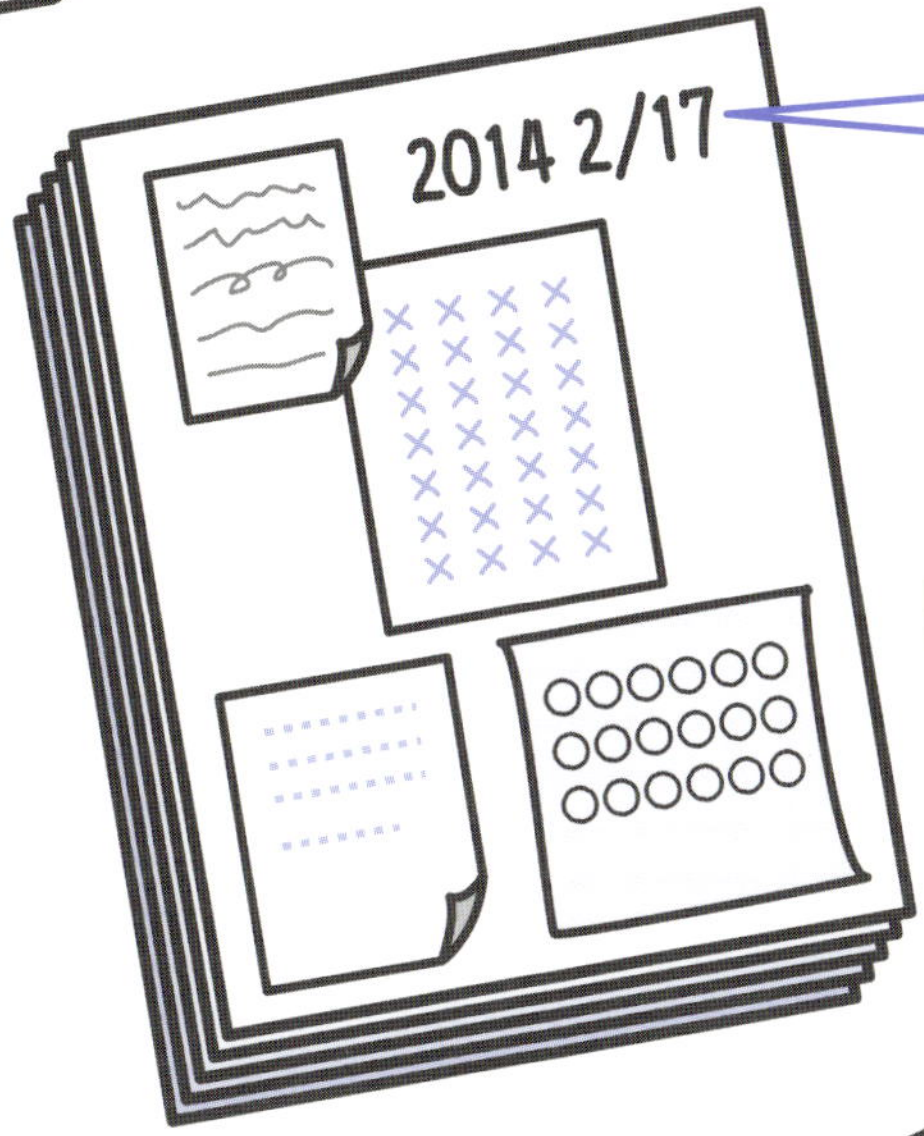
2014 2/17
メモをとった日付を忘れずに！

テーマごと、または日付順にバインダーにはさんで保管する。タイトル、テーマ、日付（いつからいつまでのメモなのか）は、必ず書き込む

または

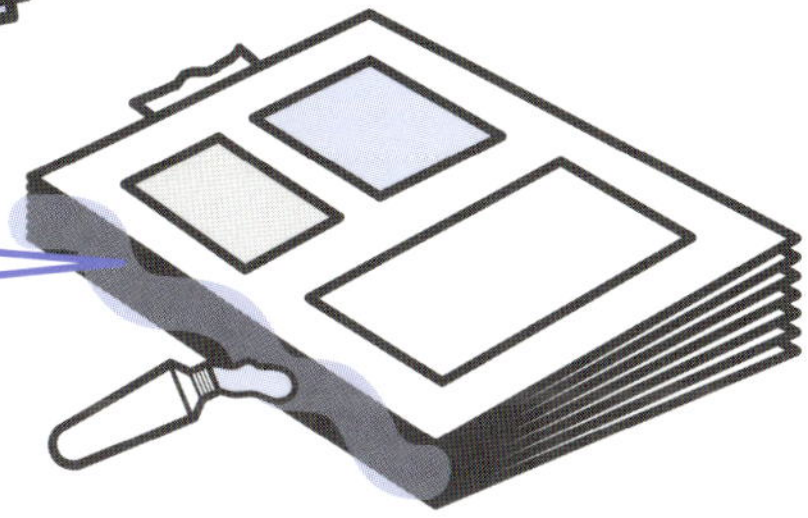
ここを糊付けして1冊のノートにする

バインダーだとかさばるので、左端を糊付けして製本するのもいい。ひとつのプロジェクトごとに、関係する書類と一緒に、メモも貼り込んでいくと、まさに「1冊の本」ができあがる

Point

メモやノートは、書きっぱなしにせずに後で必ず読み返すこと！　そうすれば必ず新しい発見がある

COLUMN

「型」を気にせず、自由にメモを！

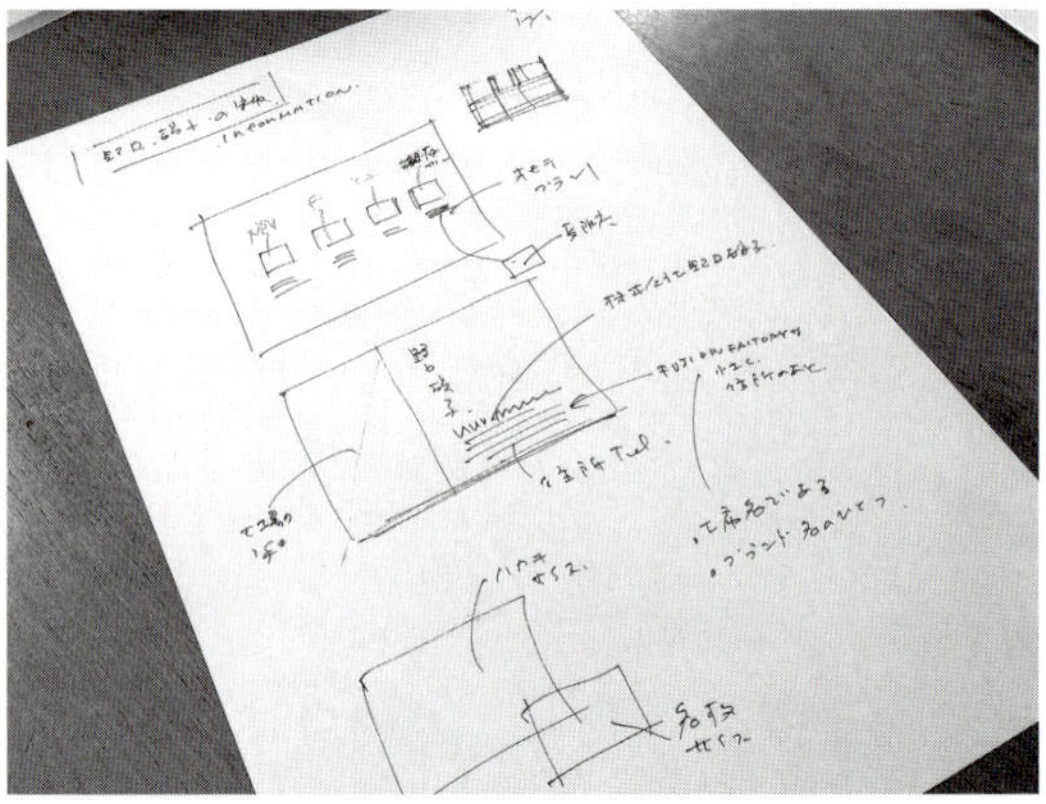

「何をメモしよう」と悩まずに、まずは何でもメモに残しておくようにしてみよう

数々のビジネス書や雑誌で「できる人のメモ術」「こんなメモのとり方がいい」と、いろいろなメモ術が紹介されている現在……。いざメモをとることを習慣にしようとしても、「じゃあ、どんなメモのとり方をすればいいだろうか？」と、スタート時点で思い悩んでしまう人もいるかもしれません。たとえばビジネスパーソンの間ではポピュラーなものとなっている「マインドマップ」。発想法、思考法としてとても優れたメモ術ですが、本格的に行なうのであれば、「色を使わなければならない」「イラストを入れるべし」など、細かいルールを学ばなければなりません。

しかし、メモ術を習得するためにいつまで経ってもメモの習慣が身につかない、というのでは、本末転倒です。

「どんな書き方でもいいから、とにかくメモをとる」

メモを習慣にするには、この「まずやってみること」がコツとなります。

「重要事項を書き留めておく」という、備忘録的な使い方ではなく、「心に引っかかったこと」「新しく覚えた言葉」などなど、とにかく自分の頭の中に浮かんだこと、残ったことを、自己流で構わないので〝紙（メモ用紙）に転写する〟のです。

もちろん、メモは文字だけとは限りません。**頭に浮かんだことがぼんやりとしたビジュアルであった場合には、それをそのまま絵や記号などでイメージとして描けばいい**のです。後は、紙に書かれたさまざまな要素をあらためて検証し、関連性のあるものは線で結んだり、色分けしたりすればいいのです。そうすることで、メモ帳はあなたの頭の中をあらわしたあなたオリジナルの「脳内マップ」となります。

「ビジネス成功のカギは、メモにあり！」

これは私の信念でもあります。あまりにも、「やり方」「型」にこだわるのは逆効果です。まずは「とにかくメモする人」になることが最優先。**自分に合ったメモ術は、後でゆっくり探せばいい**のです。

監修者紹介

坂戸健司（さかと・けんじ）

クリエーター、ビジネスプランナー、コンセプター。武蔵野美大を卒業後、広告業界に入る。さまざまなナショナルクライアントの広告戦略、販売促進の戦略を学ぶ。その後、郷里の広島に戻り、新産業開発研究所㈲代表取締役。広告ディレクター、プランナー、エディトリアルディレクター、人材育成、人材コンサルタントなど、あらゆるクリエイティブワーカーとしての顔を持つ。これまでさまざまな職業を経験し、多くの経営者やビジネスマンと接してきた過程で、「いい仕事のためには、整理力が欠かせない」と実感。さらに、思いつきを形にするには「メモ」の力が欠かせないと、独自のメモ術を実践してきた。本書は著者が日頃実践してきた整理術とメモ術をビジュアルでまとめたものである。

[主な著書]

山での癒し効果を書いた『35歳からの山歩き』、メモの取り方・活かし方を書いた『メモの技術』、整理の基本技術を書いた『整理の技術』、効果的なプレゼンテーション法を解説した『絶対ウケる！ プレゼンの技術』、気くばりの技術を書いた『「気がつく人」に人が集まる本当の理由』（いずれもすばる舎）、独自の整理術をコンパクトにまとめた『すごい！ 整理術』、察知する力、気がつく力の身につけ方を書いた『「発見力」の磨き方』、上手な仕事の進め方をまとめた『すごい！ 段取り術』（いずれもPHPビジネス新書）、『「右脳」と「左脳」のメモ術』（PHP文庫）など多数。

[連絡先] 新産業開発研究所
TEL：082-843-1641
E-Mail：info@shinsangyo.jp
URL：http://www.shinsangyo.jp

[図解]
誰からも「仕事ができる」と言われる！ すごい整理術

2014年3月12日　第1版第1刷発行

監修者　坂戸健司
発行者　小林成彦
発行所　株式会社PHP研究所
東京本部　〒102-8331　千代田区一番町21
エンターテインメント出版部　☎03-3239-6288（編集）
普及一部　☎03-3239-6233（販売）
京都本部　〒601-8411　京都市南区西九条北ノ内町11
PHP INTERFACE　http://www.php.co.jp/
組　版　ベクトル印刷株式会社
印刷所　大日本印刷株式会社
製本所　株式会社大進堂

ISBN978-4-569-81817-7